古今篆刻家八十二畫傳

吴颐人题

吴颐人　苏文　编著

上海圖書館
上海科学技术文献出版社

吴颐人，上海人。别署甚多，有嘶云阁、司马由缰、宁郇、强之、绿云楼、醉汉、壬壶、忘我庐、豁饮庐、逐鹿山房、逐鹿子、两天晒网斋、三难堂、白驴禅屋、千万莲花院、行地天马厩、拜婴楼、候补愚叟居、嘶云山民、星照一心园、雷聋山房、观蚁亭长、千里散骑司马、倚塔吟雁堂等。西泠印社社员、中国书法家协会会员、上海市书法家协会理事、上海市闵行区美术家协会主席、上海闵行书画院首任院长、上海吴昌硕研究会理事。师从钱君匋、钱瘦铁、罗福颐等前辈大师，研究书、画、篆刻五十余年。曾于一九九一年秋假座上海美术馆，举办个人书、画、印展，同时首发三本新著。二〇〇一年冬在上海美术馆新馆举办学艺五十周年书、画、印展，首发《吴颐人书画篆刻集》《吴颐人百印集》。二〇一〇年春应邀赴美国加州大学洛杉矶分校等三所大学讲学，并举办『吴颐人二〇一〇年洛杉矶艺术展』。二〇一二年春在上海刘海粟美术馆举办个人艺术展，展出其近年来创作的书画篆刻及陶瓷艺术品三百余件（包括 70 方长 18cm 原石及拓片的篆刻作品和 17 件汉简题汉画作品），展会首发《吴颐人的艺术世界》《吴颐人篆刻、印跋新作选》三本新著。二〇一六年春作为闵行区市民文化节的开幕展，在群众艺术馆举办《春申墨客—吴颐人的艺术世界》个展。至今已有著作三十种出版，主要有《篆刻五十讲》《篆刻法》《篆刻跟我学》《印章名作欣赏》《汉字寻根》《吴颐人汉简书法》《吴颐人汉简书法新编》《吴颐人印存》《鲁迅著作印谱》《吴颐人书画篆刻集》《吴颐人书画印选》《吴颐人百印集》《福寿印谱》《梦绕丽江—纳西象形文书法刻印》《吴颐人篆刻、印跋新作选》《吴颐人的艺术世界》《吴颐人题汉画像石》《吴颐人汉简题汉画》《我的汉简之路》《古今印人六十家故事》（合作）、《古今篆刻家八十人画传》（合作）、《吴颐人汉简书法（日文系列）》—中国唐诗、中国宋词、中国谚语成语、日本俳句，《印坛点将—吴颐人卷》《吴颐人汉简千字文》《吴颐人汉简心经（附篆刻）》《吴颐人汉简杜甫秋兴八首》《钱瘦铁印存》（合作）、《来楚生印存》（合作）、《书法知识千题·篆刻》（合作），并参与编写《中国书法鉴赏大词典》《篆刻小百科》等。

吴颐人艺术作品官方网站：www.siyunge.com或www.吴颐人.com

吴颐人艺术官方网站
www.siyunge.com

苏文，姓王，术者谓命缺火，取《三皇本纪》『火德王，故曰炎帝。以火名官』句，取名火官。因属虎，又名虎官。后侍亚明师，亚师为其易名苏文。壬寅年十月初十日（一九六二年十一月六日）生于苏州浦庄镇马舍村，因号浦庄渔夫、马舍画农、贫画中农；祖宅前有老榆千四方，因额室曰方木堂，意方正强直堂堂也；又曰三不居，自谓不欺心、不易志、不阿世（初为不尚时、不参赛、不入会）；又匾曰澄怀庐。又负笈西入长安，师事刘文西先生。工人物画，兼作山水、花鸟，立志为前贤立传造像。二〇〇〇年，上海三联书店出版《百家集》《百贤集》《百女集》，为中国现代文学馆征集收藏。二〇〇二年，应邀为中国人民革命军事博物馆作『汤』『曹操』，并长年展陈。二〇〇五年，上海三联书店出版《皕廉集》，中共苏州市纪委辟清风苑陈列，观摩者二万余。二〇一二年，历时二十三年，编绘成《吴中先贤谱》，收录苏州历代贤哲二千三百人，诸电视台、报刊杂志作报道。又编绘古今书画家二千余人，二〇一四年，天津杨柳青画社择百人版行，曰《中国古代书画家图典》，列京东网推荐榜。二〇一五年，天津杨柳青画社出版《中国历代名将图典》。二〇一六年，天津杨柳青画社出版《中国历代帝王图典》。尚在编绘《中国历代后妃图典》《中国历代文学家图典》《中国历代科技家图典》《中国历代高僧图典》《中国历代名医图典》，及《百史集》《百忠集》《百孝集》《百仁集》《百义集》《百信集》《百乐集》《百真集》《百士集》《百工集》《百醉集》。五千余古今名人画像为百度百科录用为肖像，中央电视台《国宝档案》《一槌定音》《文明之旅》诸栏目等常用为肖像。二百余画制为刺绣，一九九五年，联合国教科文组织授工艺美术家称号。百余画刻成碑，陈列于博物馆、纪念馆、文保单位、旅游景点。十四位国家领导人，及文化名宿六百余人为其题词。偶治印，《姑苏晚报》连载《成语百印》。

代序

自古至今，介绍明代文何（文彭、何震）以来篆刻史上著名篆刻家的成就、轶事的书籍多不胜数，近现代的篆刻家因了现在科技的发展而有其照片，使我们能一睹作者风采。稍前一些，如清代的丁敬、晚清的吴熙载等均以石刻像传世。

一直想编一本图文并茂、有篆刻家肖像的集子，直到见了苏州画家苏文兄的多部线描人物绣像集。

苏文本姓王，名虎官，是其师亚明为他改名的，别署有浦庄渔夫、马舍画农、木堂、三不居、澄怀庐等。上海三联书店出版其《百家集》《百贤集》《百女集》《皕廉集》，被中国现代文学馆征集收藏。应中国人民革命军事博物馆之约，创作『汤』『曹操』，长期陈列展出。又收录苏州历代贤哲二千三百人，编绘成《吴中先贤谱》，编绘《中国历代书画家集》《中国历代文学家集》《中国历代科学家集》，为百度百科录用为肖像插图，联合国教科文组织授工艺美术家称号。有百余画刻制成碑，陈列于博物馆、纪念馆、旅游景点、文保单位。有十四位党和国家领导人及六百余位文化名宿为其题词。足见其线描人物功力了得。

本人三代以前亦为苏州东山人，咱俩人一联系，真是一拍即合，苏文兄乐意与我合作，于是成了本书，留下这难得的合作纪念。在创作过程中，我们达成共识，凡有照片、石刻资料的当然以此为本，凡无任何资料可参考的，则参照其作品风格来塑造人物，或粗犷或文雅。有友人质之，我认为，你见过历史上的孔子、秦始皇吗？但每见印刷品上出现他们的形象，还不都是画家创造的吗？或许今后有人要编写篆刻家的书，还会以此蓝本传之后世呢！

绣像原指用丝线绣成的神像或人像。在传世的明清以来各种通俗小说卷首，常附有书中主要人物的图像，也有另在书中以线描形式作插图的，以增读者阅读兴趣。其特点是以线条勾描，绘制精细，往往在宣传书目时冠名，如《绣像三国演义》。亦有画出每回故事内容的，则称全图，如《全图儒林外史》。但当下书籍中只称插图，而不叫绣像了。现代美术史学家把只有独立的人物绘画称绣像，明代陈老莲所绘著名的《水浒叶子》影响了之后不少画家的创作。我的老友，著名人物画家戴敦邦也绘制了《水浒》人物绣像，在老版电视连续剧《水浒》的片头上，即留下其创作的性格各异的精彩造型，也为剧中人物造型提供了参考。敦邦在其《水浒》人物创作的画册中，总爱钤盖一方我为其刻制的圆形仿古玺印『邦』，如此错爱，令我不胜荣幸。

在图文合璧的过程中，电脑操作高手，郑邦谦君的帮忙十分感谢，本书封面及上海书店出版社为我出版的《篆刻五十讲》《篆刻法》《篆刻跟我学》《吴颐人汉简千字文》等封面均请他绘制，颇获读者好评。其海报设计曾在波兰等海外比赛中获奖，在澳门、台湾等地区的比赛中也屡屡获奖。书法专攻伊秉绶隶书，宽博、雄浑。最可喜的是其研习佛像印创作有年，近以其多年创作心得写成《造像印创作法》一书，附图印创作资料几千方，将由上海科学技术文献出版社出版，值得我们期待。

近两年来，凡有将出版的著作，或书、刻社团的集子，即使已定稿将付梓，都要邀请一位叫杨翌的青年人审校，必能找出谬误之处。或为错字、漏字，或为简繁字体转换所致，如『里、裏』『后、後』之类，杨翌一查一个准。故凡成文必请其检查几乎成不二法门。

在此将以上几位一一列出致谢。

书成也找不到人为之作序，我也不想多求人，还是自己噜苏几句，权充序言吧。

二〇一六年五月

目录

文彭

文彭（一四九七—一五七三），长洲（今江苏苏州）人，字寿承，号三桥，是著名书画家文征明的长子。擅书画，曾做过两京国子监博士，因此一些书上称他为文国博。他把灯光冻石引进到篆刻界，对篆刻艺术的发展起了决定性的作用。元末王冕最初以石代铜刻印的尝试，到了文彭时代才广开风气，成为时代的习尚。由于文彭在篆刻史上承前启后的功绩，人们把他视作开宗立派的祖师。但因当时无编集专人印谱的风气，故文彭的印流传极少。

停云　文彭之印　征仲　寿承氏

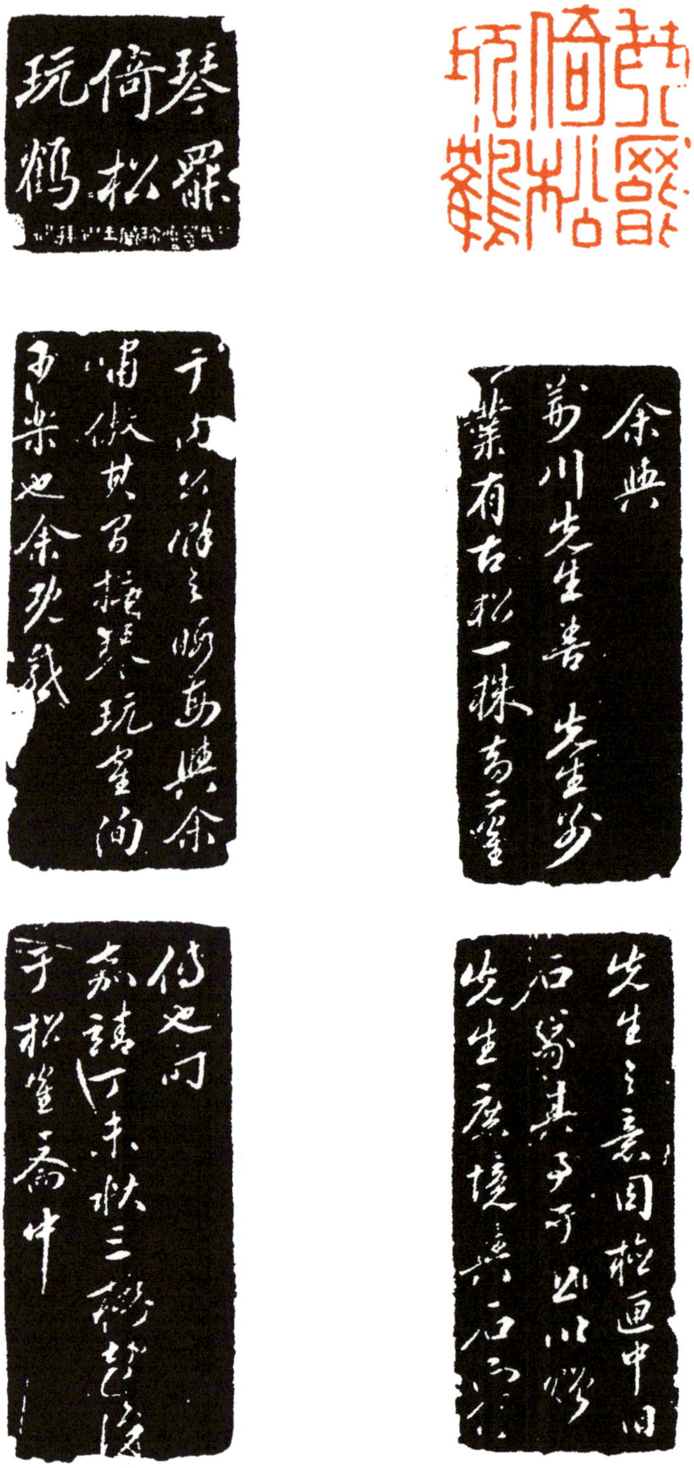

琴罢倚松玩鹤（附款）

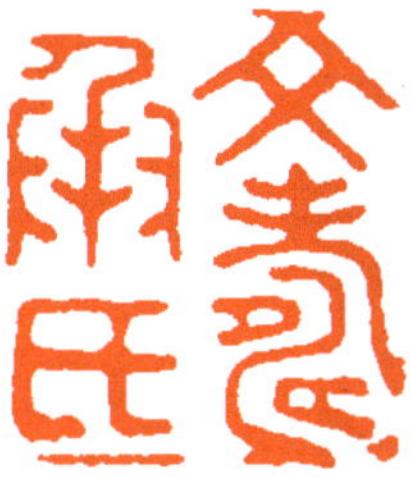

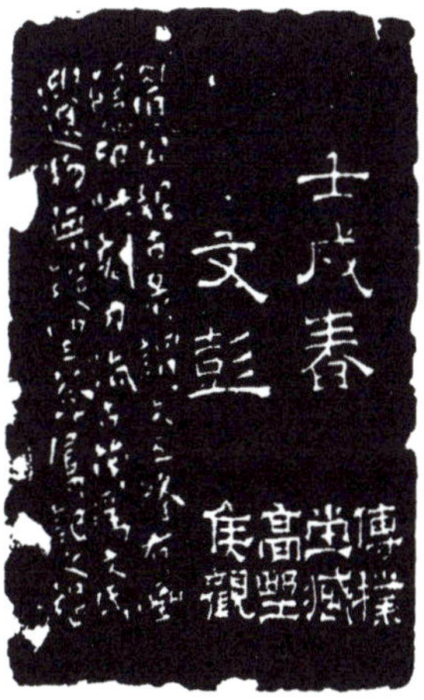

文寿承氏 画隐（附款）

文彭之印 任侠自喜 七十二峰深处（附款）

何震

何震（约一五三〇—一六〇六），字主臣、长卿，号雪渔，安徽婺源人（原属安徽省，后划归江西省）。他与文彭关系在师友之间，跟文彭努力钻研文字学，讨论起来常常夜以继日，由此使他精于六书。他曾说过：『六书不能精义入神，而能驱刀如笔，吾不信也！』而在他的篆刻作品中，的确很难找出一丝讹笔来。他结交了不少军中显贵，时人评他『大将军以下，皆得一印为荣』，又说他的作品『片石与金同价』，可见他当时的名声之大。著有《续学古编》，又以自刻印辑成《何雪渔印选》。

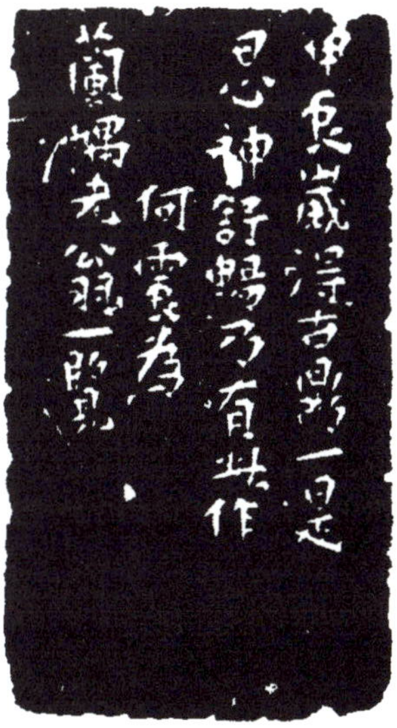

延赏楼印　笑谈间气吐霓虹（附款）

沽酒听渔歌 程守之印 灌园叟 吴之鲸印
兰雪堂 听鹂深处（附款）

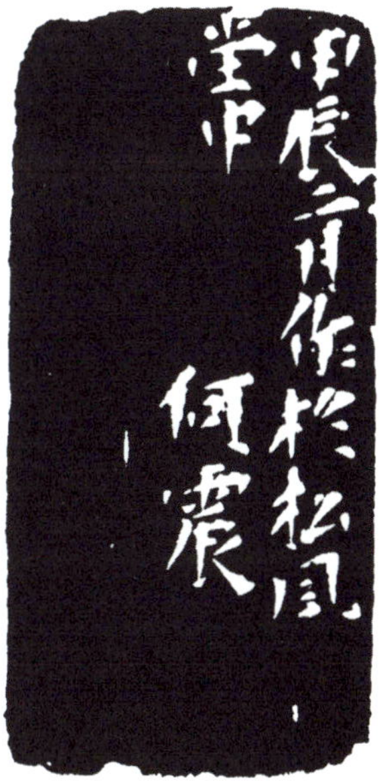

柴门深处　云中白鹤（附款）

登之小雅　查允揆舜佐氏（附款）

蘇宣

苏宣（一五五三—一六二六后），字尔宣、啸民，号泗水，安徽歙县人。少年时好读书，还喜欢击剑，后来因遇到不平之事，仗义杀人逃遁于淮、海之间。事情平息后，专心于篆刻，曾得文彭亲授，又受何震影响，曾遍观上海顾从德、嘉兴项元汴所藏秦汉古印。他能自出新意，在古拙雄壮方面，显示了自己的潜力。故有人认为苏宣与文何『鼎足称雄』，学他一派的有程远、何通、陈彦明、姚叔仪、顾奇云等，世称『泗水派』。著有《印略》一书，共三卷。

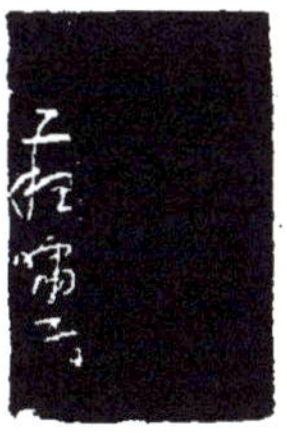

苏宣之印（附款） 我思古人来获我心（附款）

啸民 汉阳太守章 袁中道印 陈继儒印
江东步兵 痛饮读离骚 深得酒仙三昧（附款）

梅花屋　尘外遐举　真率斋　鄂韡轩
留心山谷　书淫　流风回雪（附款）

甘暘

甘旸，生卒年不详，活跃于明代万历年间，字旭甫，号寅东，江苏南京人。以铁笔隐居鸡笼山下（今南京鸡鸣寺一带），甘旸篆书颇负盛名。当时著名的古铜印谱《顾氏集古印谱》已重新编次增订，以雕版的木刻本流传于世。甘氏精研篆书，对古玺印有非凡的鉴赏能力，善治铜玉印章。痛感木刻本《顾氏集古印谱》的摹刻失真，逐发愤以铜玉印为印材，摹刻了一部秦汉印谱。另著有《印章集说》。

蝶闇居士 龙骧之印 梁士升印

西安太守 程国宝印 吴忠

马从纪印（玉印） 古墨林（附款）

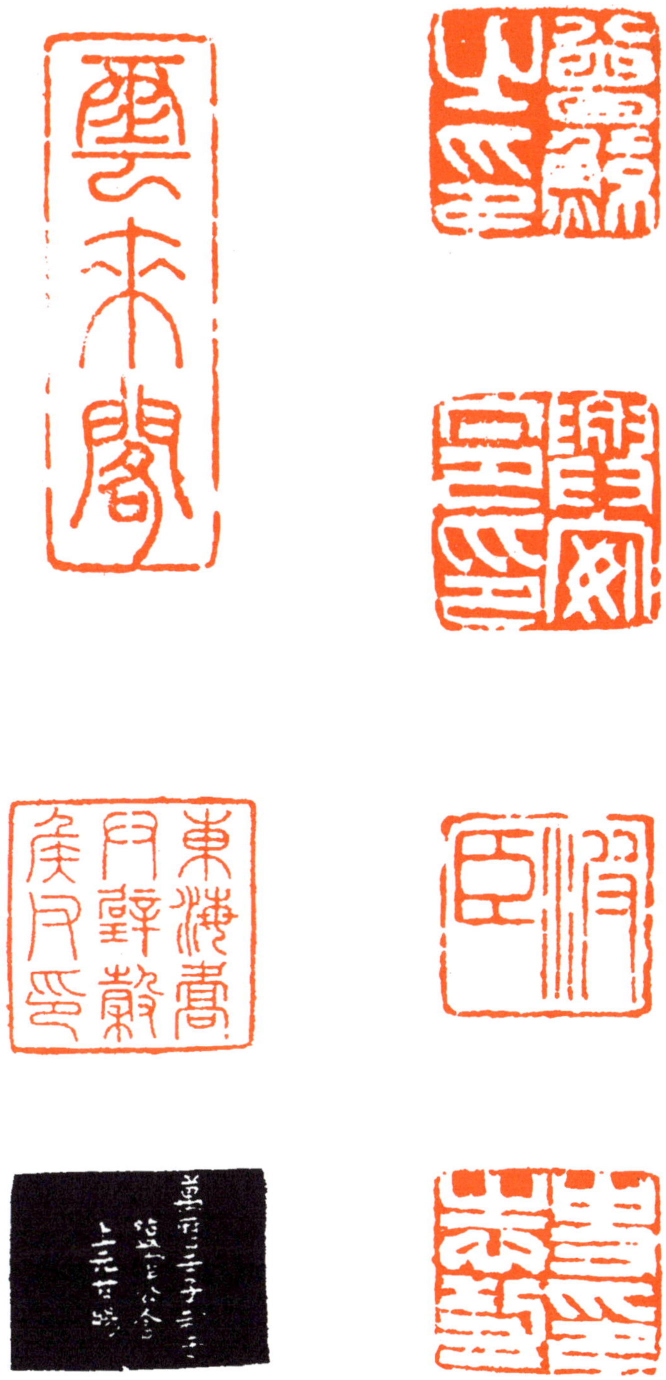

曾鲸之印　兴安令印　波臣　史志功印
云来阁　东海乔拱璧谷侯父印（附款）

朱簡

朱简（约一五七〇—约一六三〇），又名闻，字修能，号畸臣，安徽休宁人。师从陈继儒，精于诗文篆刻和庭园设计，对古玺印考证、印学理论、印学批评等方面有杰出的贡献。他的著作有《印品》《印图》《印经》《印章要论》《印学丛说》《集汉摹印字》《修能印谱》《菌阁藏印》等传世。

杲叔 冯梦祯印 王穉登印 陈继儒印

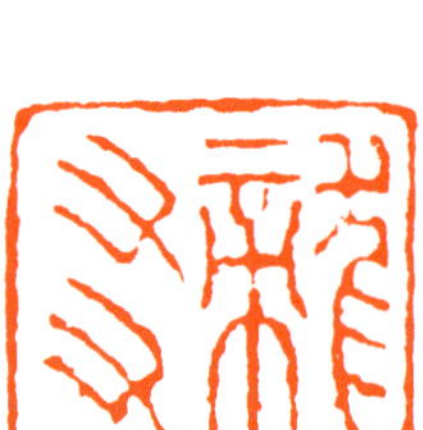

修能　又重之以修能　孙克弘印　米万钟印

拥书一室　朱简　杨文骢印　龙友

云鹏 半日村 海阔能容物 莲心不受污（附款）
娄坚之印 钱谦益印 麋公 陈继儒印

歸昌世

归昌世（一五七三—一六四五），字文休、道玄，号假庵，江苏昆山人。归昌世篆刻初宗文彭，后从秦汉玺印中汲取养份。他的印章以情为主，多直写胸臆，体现出简静而典雅的个性。朱文印拟汉铜印斑驳锈蚀的效果，其笔画显现内方外圆的端倪，明人称其篆刻与文彭、王梧林鼎足而立，为浙派朱文印开了先河。辑有《学山堂》印谱。

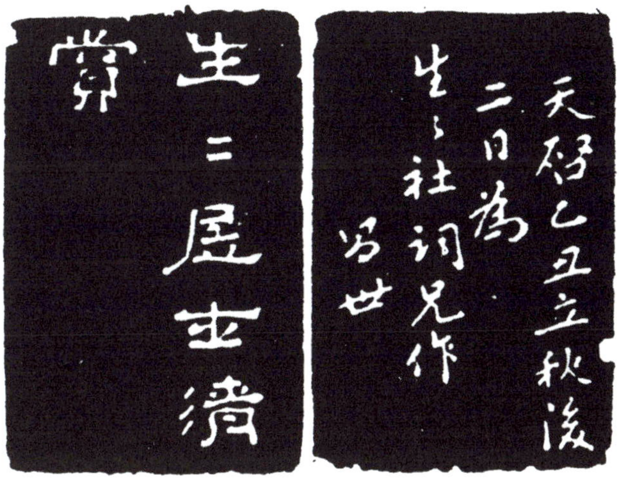

依隐玩世　大欢喜　平陵居士

自问心如何　君子有常体　拿云心事人不知

空名适自娱　名窃久自欺　气烦则虑乱　视邑则志滞　三心不可以事一君

梁袠

梁袠（？—一六四四），字千秋，江苏扬州人，侨居南京。篆刻精学何震可到乱真的程度。传说有一位名沈生予的人，是篆刻鉴赏行家，曾请何震刻印五百多方，何震的作品经他鉴别，可以立辨真伪，但看到了梁袠的作品，竟一时分别不出真伪来。他的作品影响到后来的邓石如。著有《印隽》传世。

何震　何长卿　子公

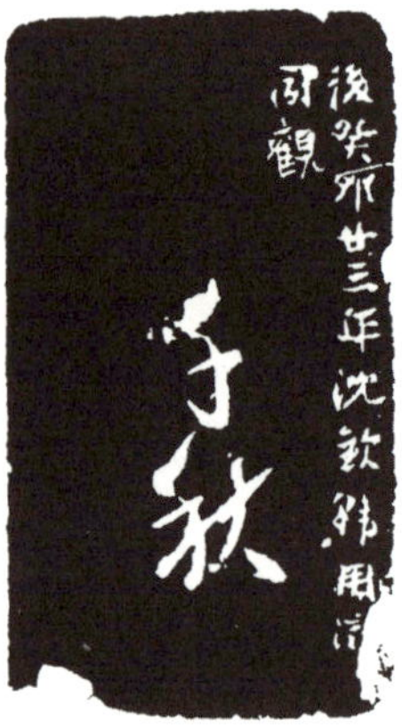

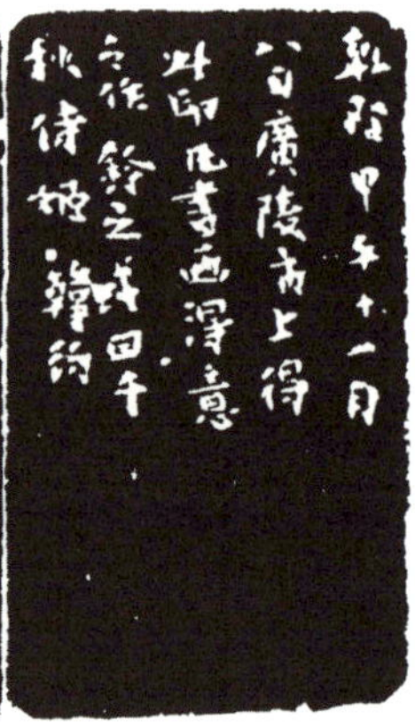

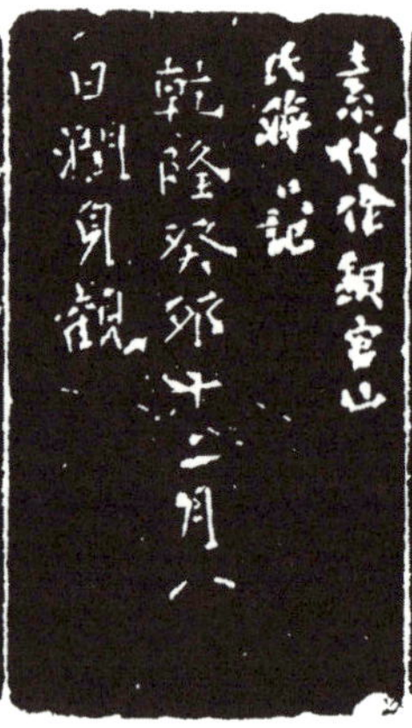

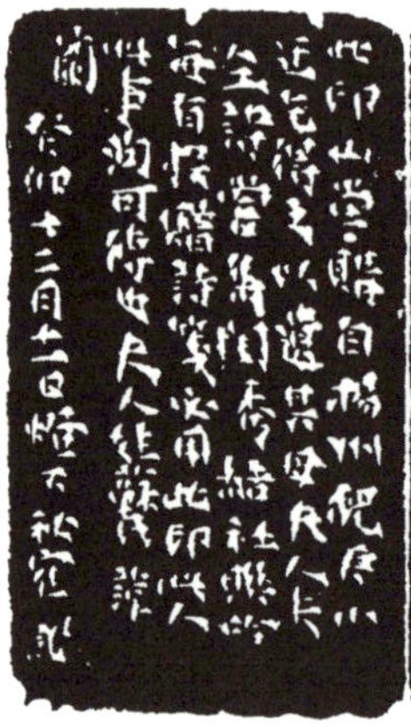

国士之风　芝房　游侠处士　兰生而芳（附款）

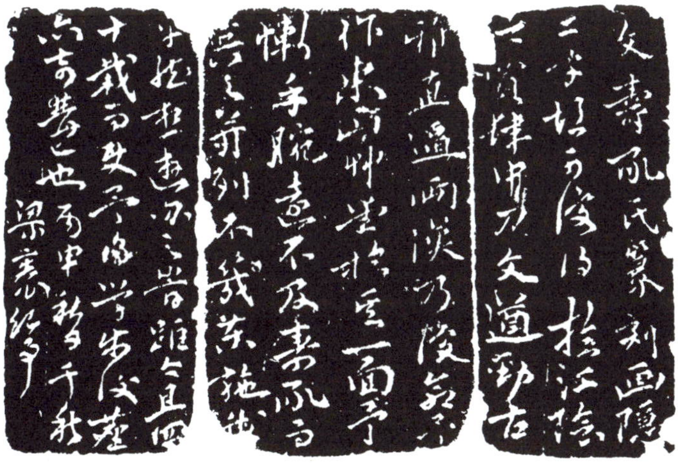

小山楼　东山草堂珍玩（附款）

汪關

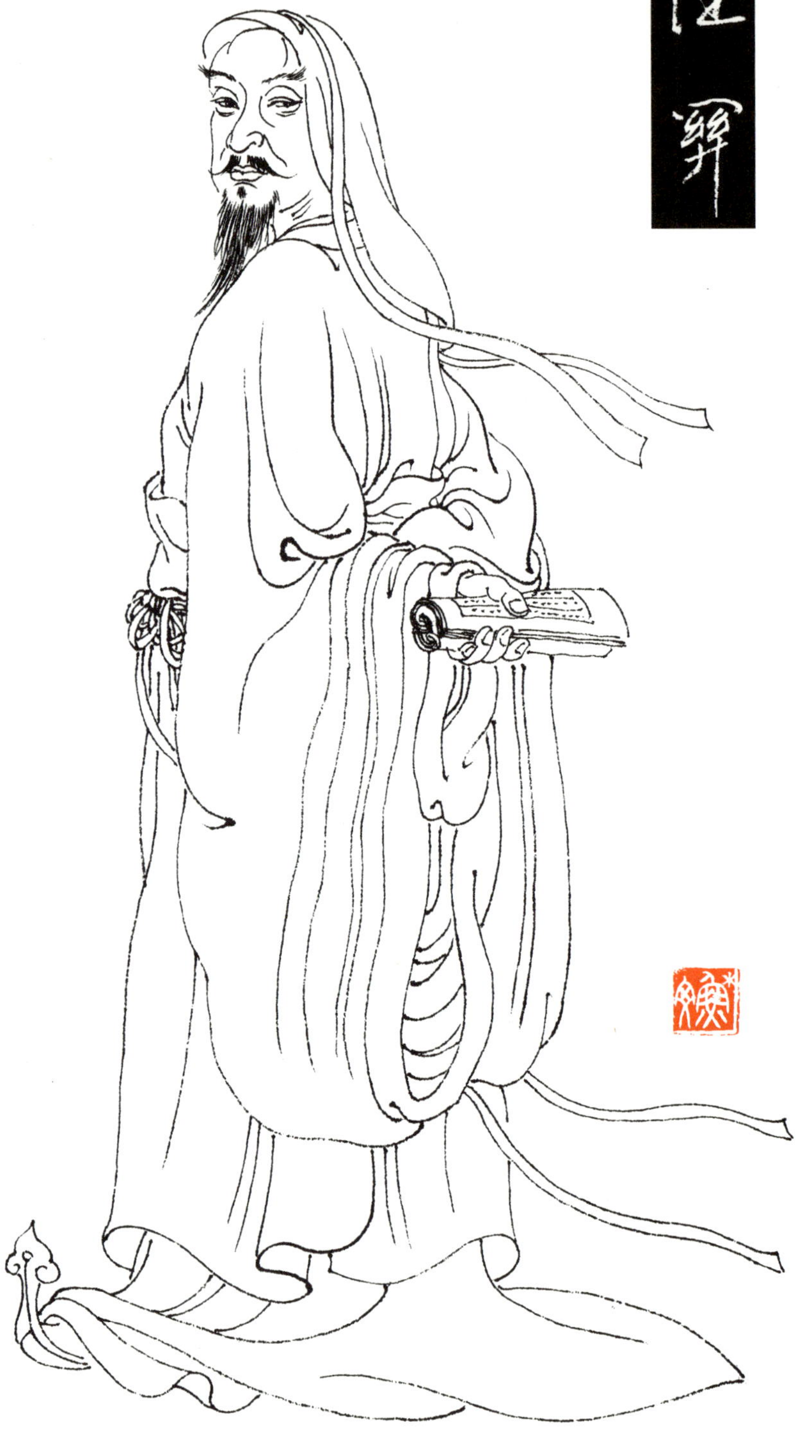

汪关（约一五七五—约一六二八），原名东阳，字尹子，又字杲叔，安徽歙县人，但居住在娄东（今江苏太仓）。后因得到一方精美的汉铜印『汪关』，就以此为名。他的儿子汪泓也精于篆刻，父子俩痴迷于金石，有『大痴』『小痴』的绰号。汪关善以冲刀法仿汉铸印，作品放在汉印中，可以无分彼此，当时的一些著名书画家，多请他刻印。他的刻印与猛利派的何震所作正好相反，属于娴静工整的和平派。有《宝印斋印式》传世。

逍遥游（附款） 董其昌印 此鸟安可笼哉

朱谭印信　程嘉遂印　鸥庄（汪泓刻）江湖满地一渔翁（汪泓刻）

归昌世印　松圆道人　娄坚之印　吴伟业印

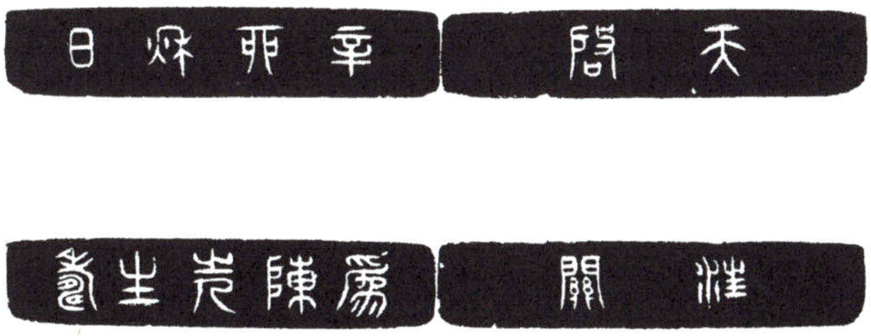

博观堂 子孙非我有委蜕而已矣
董其昌印 董玄宰 麋公（附款）

程邃

程邃（一六〇五—一六九一），字穆倩，号垢区、朽民，别号垢道人、青溪朽民、野全道者、江东布衣。安徽歙县人，居南京十多年，明亡后移居扬州，是一位有民族气节的著名书画篆刻家。白文凝重厚实，朱文喜以大篆入印，不同于文何派的遗风。有人把他尊为徽派创始人，并把他与后来的歙县籍印家汪肇龙、巴慰祖、胡唐称为『歙四家』。他的作品流传很少，仅在他的书画原作上保留一些，乡人程芝华在《古蜗篆居印述》中，曾摹刻了他的作品五十九方传世。

程邃之印 程邃 穆倩 垢道人程邃穆倩氏

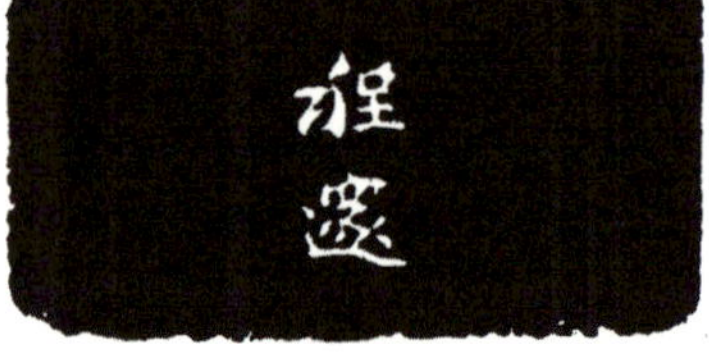

梁清标印　玉立氏　徐旭龄印（附款）

程邃

垢道人程邃

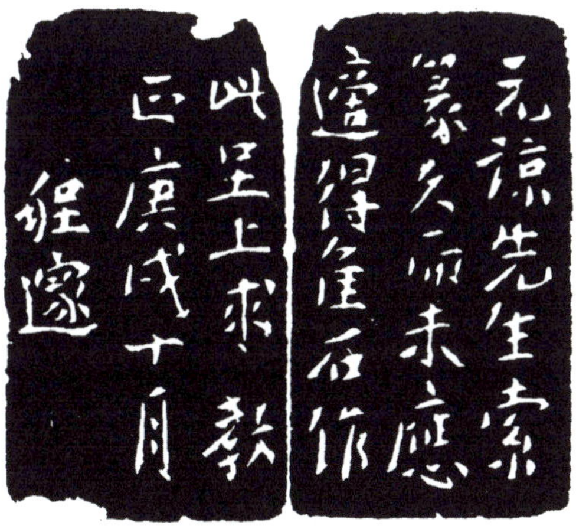
元諒先生索
篆久而未應
邇得佳石作
此呈上求教
正 庚戌十月
程邃

周亮工

周亮工（一六一二—一六七二），字元亮，号栎园，又号陶庵、减斋。河南开封人，后移居金陵（今江苏南京）。崇祯十三年进士，官至浙江道监察御史。周亮工与明末清初的许多篆刻家交往甚密，嗜印成癖，曾云：『生平嗜此，不啻南宫爱石。』在《尺牍新钞》中，提出了『印章之妙，原不一趣』的观点，在这段论述里，周亮工印章求变的观点，对历代印人能革新者推崇有加。生平博极群书，著有《赖古堂集》《读画录》等。

李流芳 师古斋 寒山长

林皋

林皋（一六五七—？），字鹤田，又字鹤颠，福建莆田人，后迁居江苏常熟。有的因他是莆田人，便名正言顺地将他归入莆田派；有人则认为他不应归莆田派，而将他另立为『林派』。他的篆刻古雅清丽，简繁疏密，处理得当，文字以汉篆为主，很有点受汪关的影响。当时书画名家王翚、恽寿平、吴历、高士奇、杨晋、徐乾学等的用印，多请他刻。也有将他和汪关、沈世和并称。著有《宝砚斋印谱》。

出山云满衣　剪破湘山几片云　碧梧翠竹山房

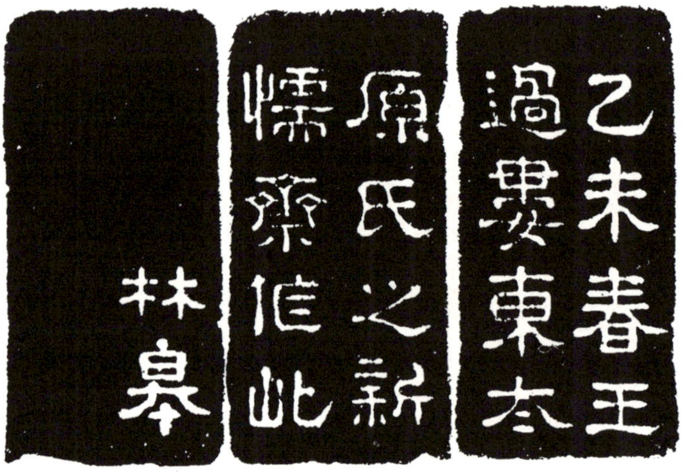

王翬之印　耕烟散人时年七十有九　耕烟　梦兰（附款）

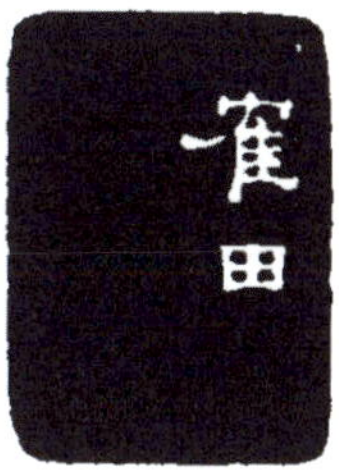

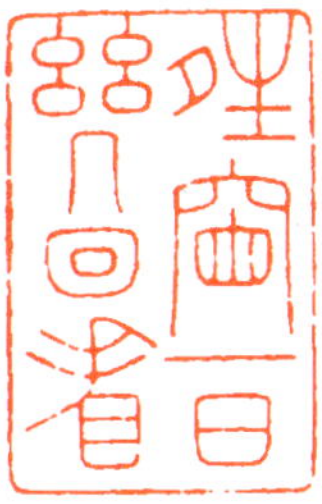

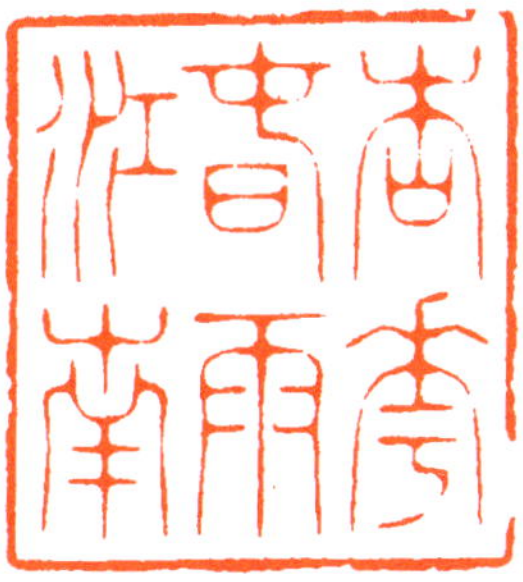

案有黄庭尊有酒（附款） 晴窗一日几回看 莆阳鹤田林皋之印

林皋之印 诸缘忘尽未忘诗 杏花春雨江南

高鳳翰

高凤翰（一六八三—一七四九），字西园，号南村，晚号南阜老人，五十五岁右手病废后改号半亭、老阜、废道人、尚左生、丁巳残人等，山东胶县人，为扬州八怪之一。善豪饮，诗文有奇色，即刻挥洒，顷刻立就。印法秦汉，以苍古朴厚胜。著有《六印山房印纪》《西园印谱》等。

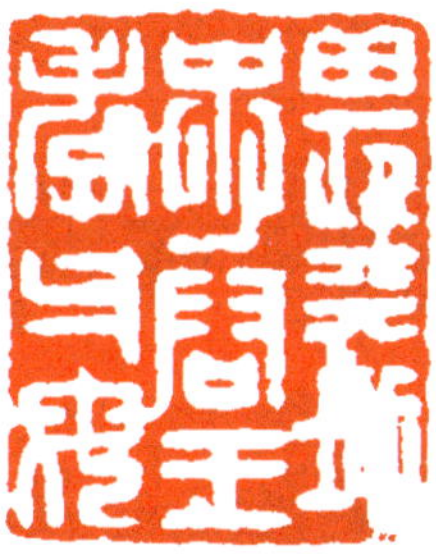

幻药　丁巳残人　雪鸿亭长　畏天地忠君王孝父母（附款）

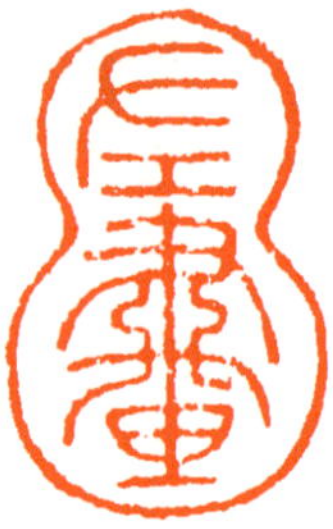

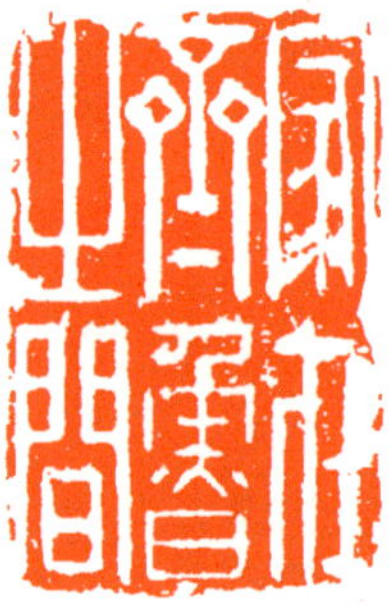

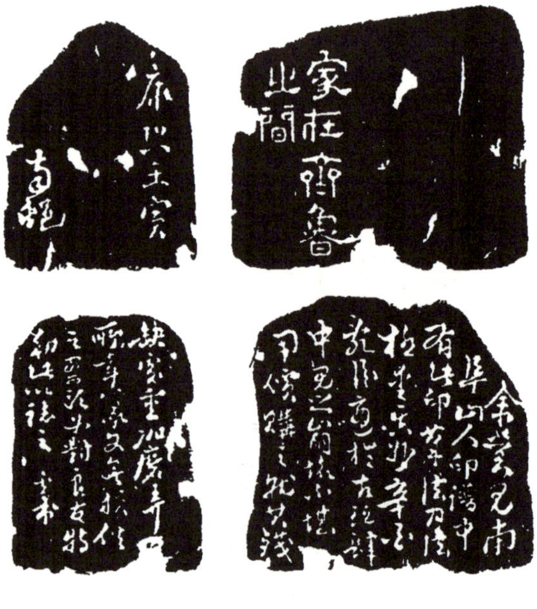

左画 凤翰私印 家在齐鲁之间（附款）

山东书生　高凤翰印　丁巳年　左军痹司马

生有印癖　左臂　檗下琴

沈鳳

沈凤（一六八五—一七五五），字凡民，号补箩，江苏江阴人。曾学书法于王澍，长于篆刻，并擅山水。他自云：『篆刻第一，画第二，书法第三。』辑有《谦斋印谱》两卷。沈凤刻印，王澍极为推重，并为他的印谱写了序言。扬州八怪的郑燮，所用印多数为沈凤所刻。沈凤的作品苍劲浑穆，且有流动之意。

石寿　理锄书屋　潇洒枕书眠　仁者寿

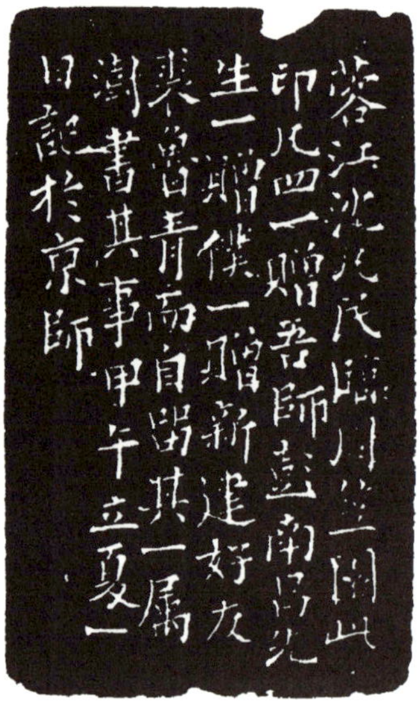

纸窗竹屋灯火青荧（附款） 结客少年场 子安书画

谦斋　补萝外史　复堂（附款）

沈凤私印　沈凤私印　凤印　凡民鉴定

汪士慎

汪士慎（一六八六—一七五九），字近人，号巢林，又有别号七峰、甘泉山人、溪东外史等，安徽歙县人，寓居扬州。工分隶，善画梅，神腴气清，墨淡趣足。暮年一目失明，仍能为人作书画，自刻一印云：『尚留一目看梅花』，后来，双目俱瞽，但仍挥写，署款『心观』二字。著有《巢林诗集》。

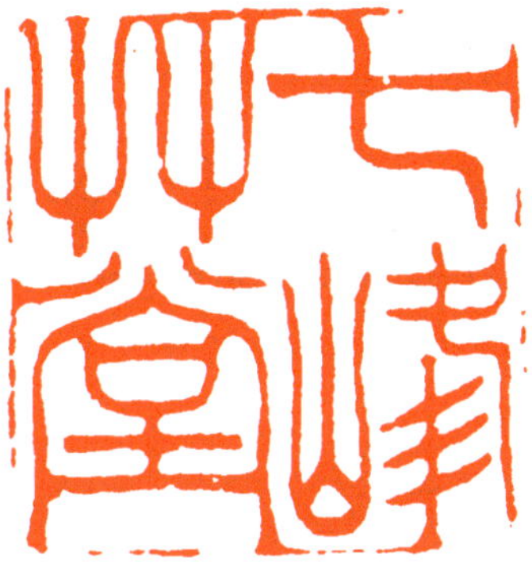

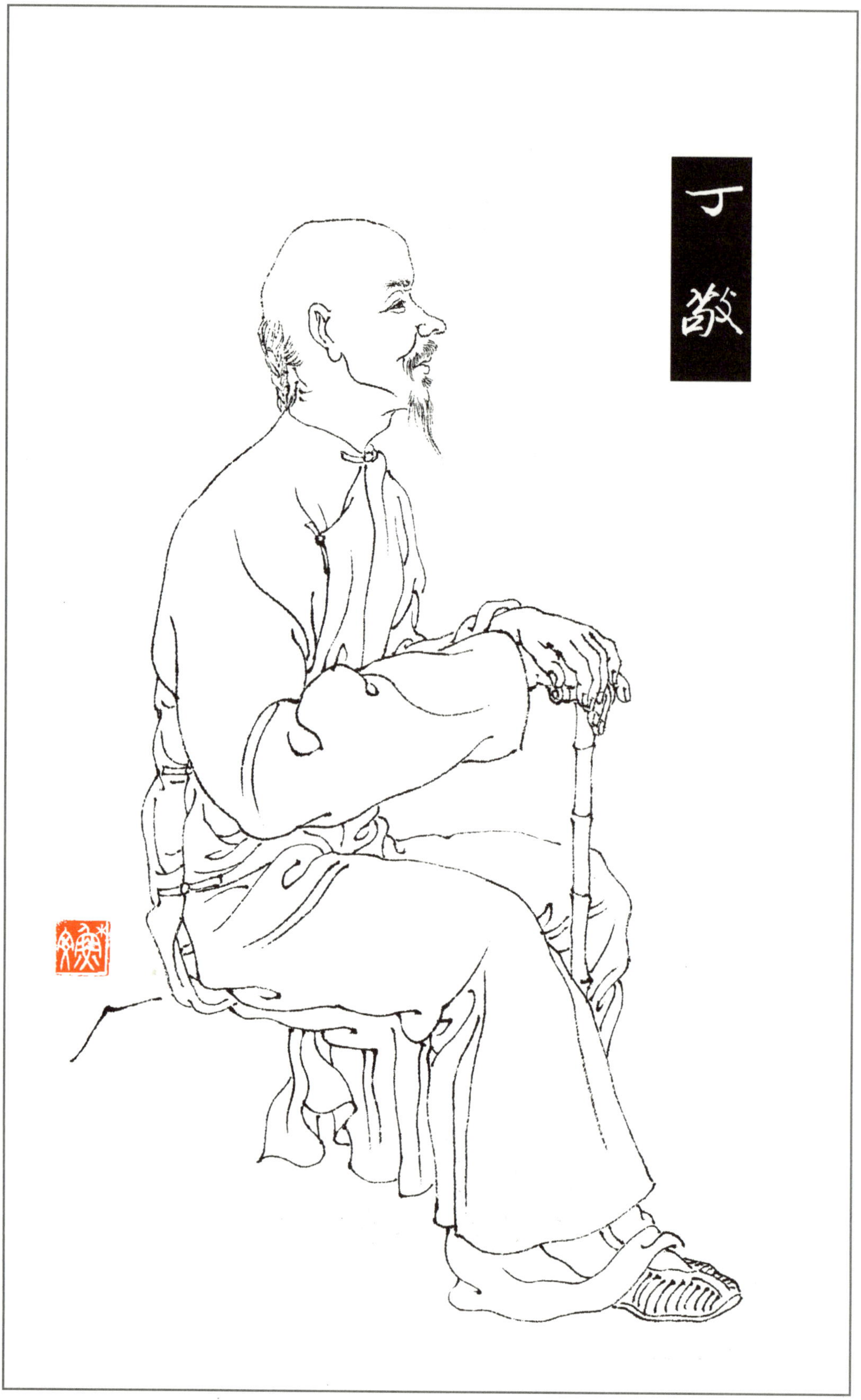
丁敬

丁敬（一六九五—一七六五），字敬身，号砚林、钝丁、玩茶叟、龙泓山人等，浙江杭州人。自幼家贫好学，爱收藏，终生不愿当官而迷于书画篆刻，是浙派的开创者。在他的努力倡导下，以切刀追求秦汉古意，篆刻艺术才有了新的转机，尽管他和他开创的西泠八家所创造的作品，离秦汉印的精神还有一定的距离，但我们要学习的是他们的这种离群创新精神。他的著作有《龙泓山人集》和《砚林诗集》，其他印作散见在《西泠四家印谱》《西泠六家印谱》《西泠八家印谱》中。

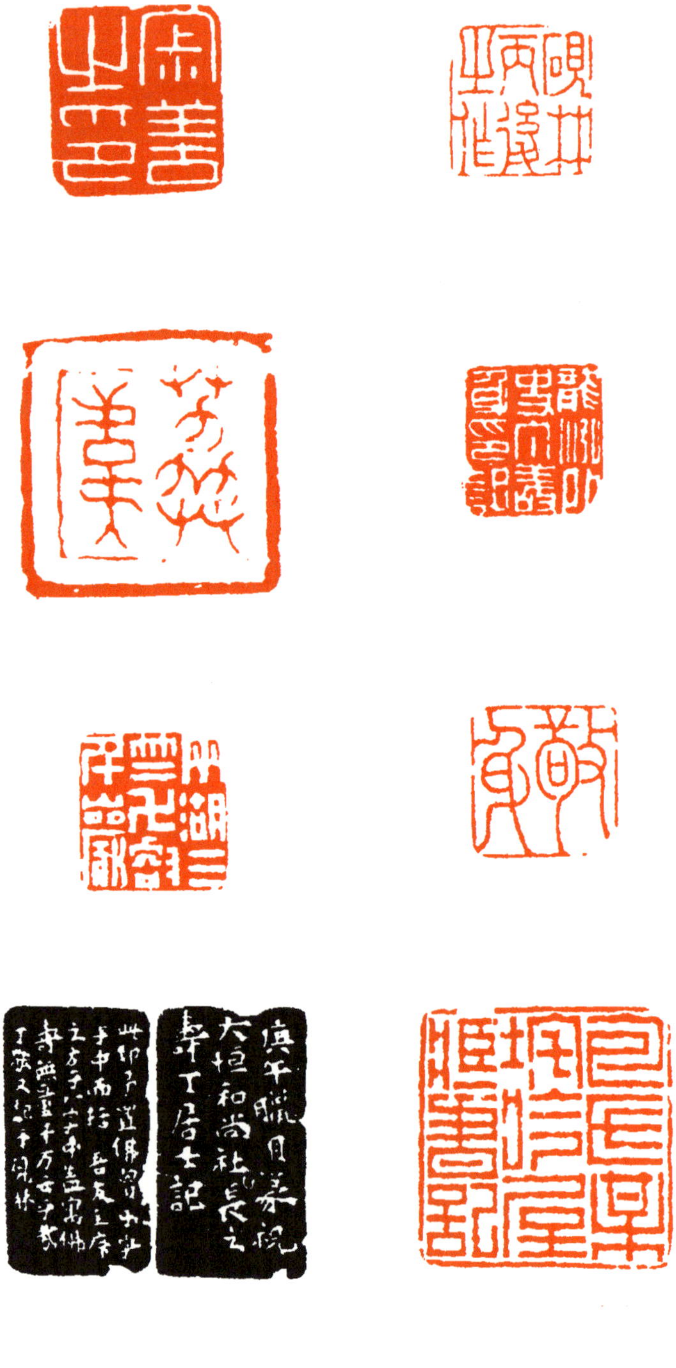

砚林丙后之作　龙泓外史丁敬身印记　敬身　包氏梅垞吟屋藏书记
寂善之印　荔帷　两湖三竺万壑千岩（附款）

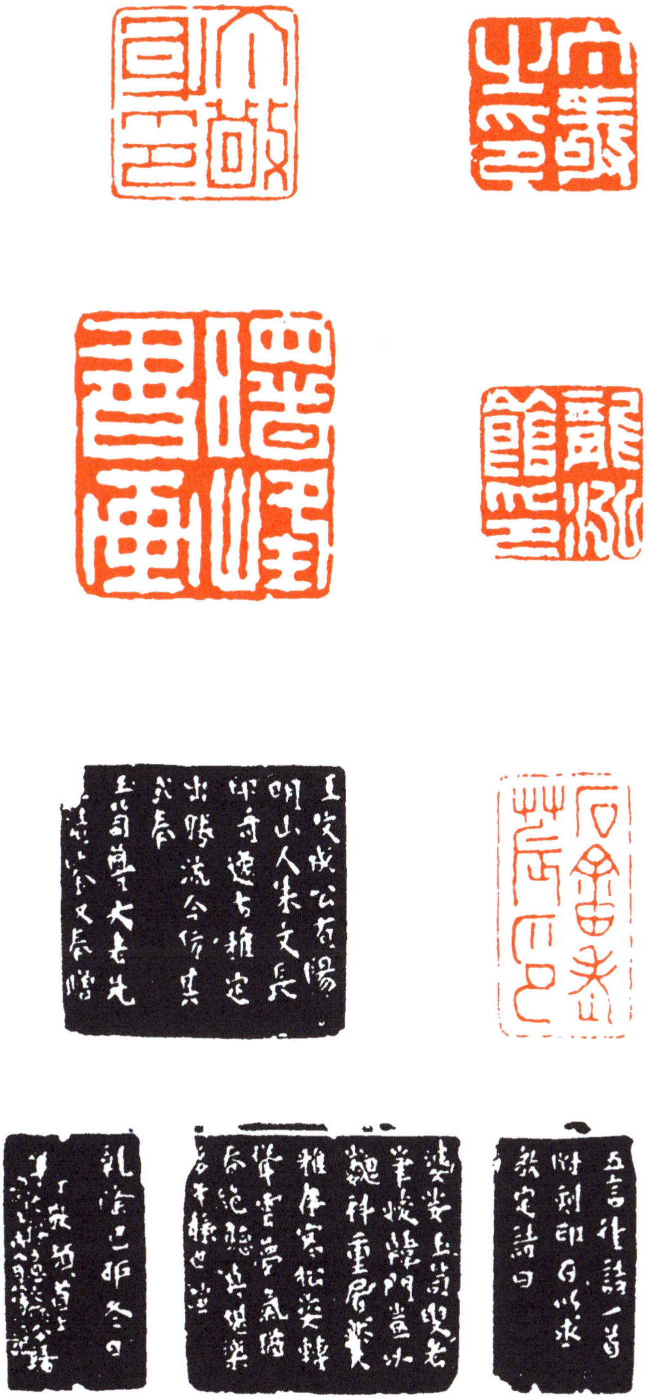

丁敬之印　龙泓馆印　石畲老农印（附款）
丁敬身印　曙峰书画

桂馥

桂馥（一七三六—一八〇五），字未谷，号冬卉、渎井复民等，山东曲阜人。乾隆五十五年（一七九〇）进士，官云南永平县知县。书法家，文字训诂学家。精于考证碑版，以分隶篆刻擅名。曾为『阅微草堂』题写匾额。著有《说文义证》《缪篆分韵》《晚学集》等。

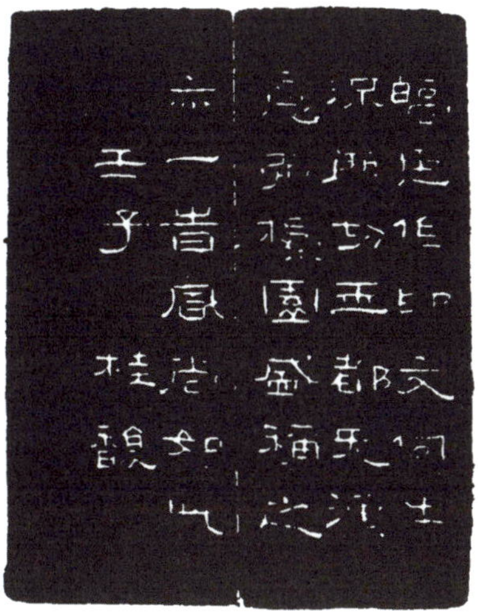

未谷（附款）绵潭渔长

張燕昌

张燕昌（一七三八—一八一四），字芑堂，号文渔、文鱼、金粟山人等，浙江海盐人。自幼家贫，海盐地处偏僻，学篆刻苦无名师指点，又无家传，他就利用家乡极少的碑刻资料，精心临摹、揣摩，吸收消化。他的这种好学精神，使丁敬这位性情孤独、轻易不为人刻印的六十多岁的老人也感动了。

他从小天资聪颖，读书记千言，过目不忘。只要知道什么地方有名碑石刻，或谁家藏有珍本资料，都不遗余力尽心搜罗。后来他将所见到的数百种资料辑成《金石契》一书。擅画兰，曾以擅长的飞白书入印。因其见多识广，篆刻作品的取法能不为一家所囿。有《飞白书录》《石鼓文释存》《芑堂印谱》等传世。

梦禅居士 芑堂 沧海一粟（附款）

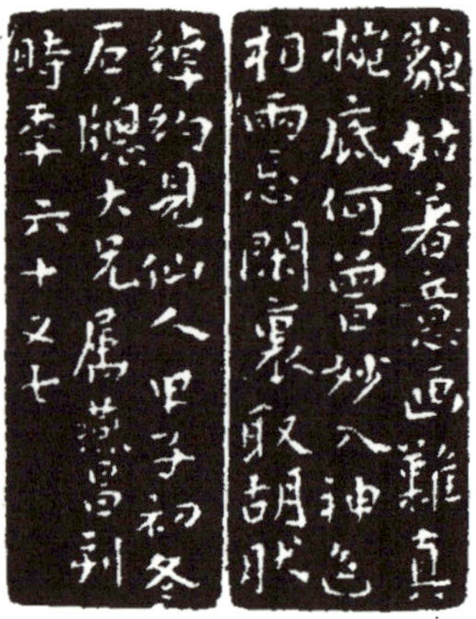

海上胡焯（附款）金石契 履贞
听碧处 趣在有无间

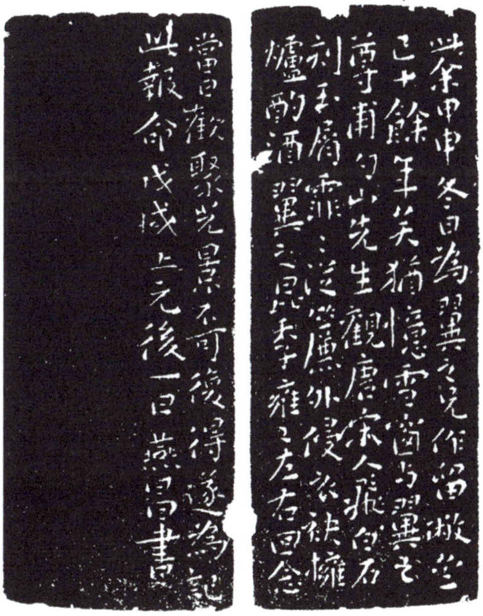

余甲申冬日為翼之兄作留徹堂已十餘年矣猶憶雪窗與翼之尊甫匀山先生觀唐宋人飛白石刻玉屑霏霏從簾外侵衣袂擁爐酌酒翼之昆季羅立左右回念當日歡聚光景不可復得遂為記此報命 戊戌上元後一日燕昌書

爱吾庐 古欢楼 翼之（附款）

董洵

董洵（一七四〇—一八一二后），字企泉，号小池、念巢等，浙江绍兴人。官四川南充主簿，弃官后在京中非常落拓，以卖印为生。他也善于书画。著有《小池诗钞》《石寿轩宋元印谱》等。他所刻的印，专师秦汉。董洵和他同时的余集、黄钺、赵秉冲、罗聘十分友好，尤其为罗聘所刻的印独多。

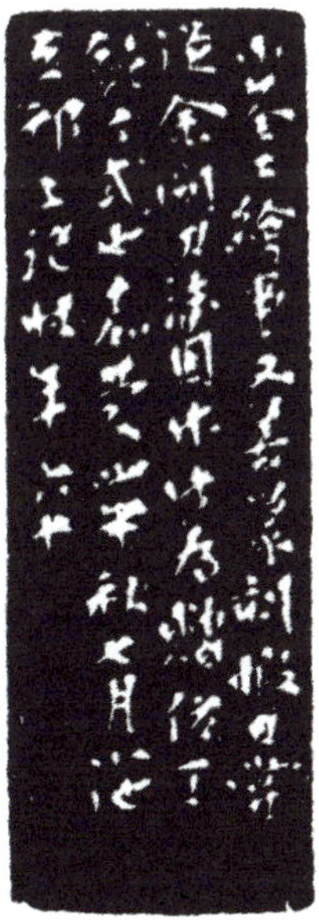

董洵私印 小池癖此 悠然见南山（附款）

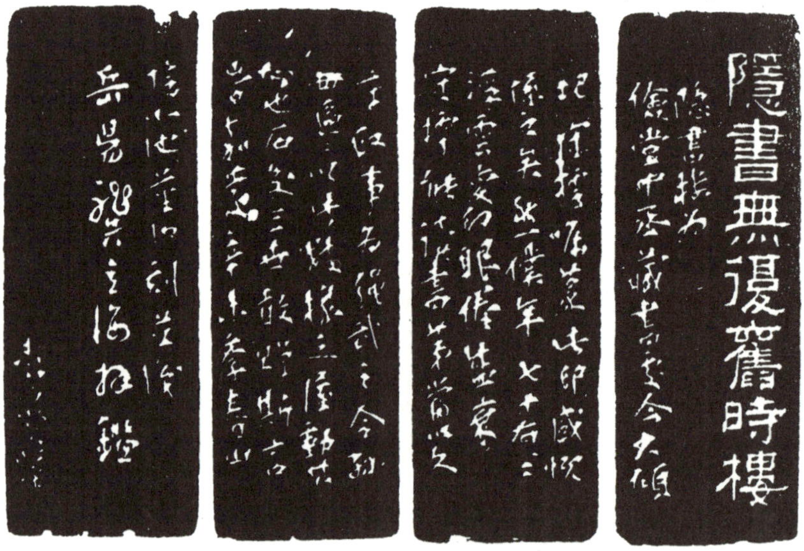

曾经沧海　罗遁夫印　隐书无复旧时楼（附款）

中年陶写（附款） 小琅嬛

十三研斋主人 衣云和尚 香南雪北之庐

蔣仁

蒋仁（一七四三—一七九五），原名泰，字阶平，号山堂、吉罗居士、女床山民，浙江杭州人。自幼家贫，终生不当官，痴迷于金石书画，过着朴素的农家生活。印学丁敬而自出新意。印作流传很少，有《吉罗居士印谱》（收其二十六方），《西泠四家印谱》《西泠八家印谱》等收其篆刻作品。

无地不乐　蒋山堂印　云林堂　吉罗盦

沈舲印（附款） 三摩 作渠

吉羊止止 康节后人 邵志纯字曰怀粹印信

鄧石如

邓石如（一七四三—一八〇五），名琰，字顽伯，号完白山人等，安徽怀宁人。有人把他归为皖派，更多的人因为推崇他在篆刻史上杰出的贡献，而尊为『邓派』。邓石如幼年时家境贫寒，一生社会地位低下，这样一位读书不多的『一介布衣』，成长为伟大的艺术家，全靠坚定不移的信念、顽强的意志和刻苦的锻炼。他十七岁后，就开始以书刻自给。三十岁后，通过友人介绍，陆续认识了南京梅镠三兄弟等友人，遍观梅家收藏的金石善本，凡名碑名帖总要临摹百遍以上，为此起早贪黑，朝夕不辍，为以后的篆刻艺术打下了扎实的书法基础。所以，当时人评他的四体书法为清代第一人。

他以自己雄厚的书法为基础，做到『书从印出，印从书出』，打破了汉印中隶化篆刻的传统程式，首创在篆刻中采用小篆和碑额的文字，拓宽了篆刻取资范围，在篆刻上形成了自己刚健婀娜的风格，可惜他原石流传极少，存世有《完白山人篆刻偶存》《完白山人印谱》《邓石如印存》等。

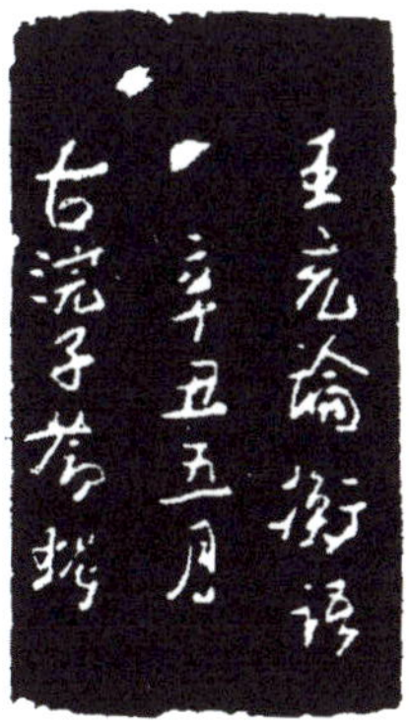

顽伯　灵石山长　淫读古文甘闻异言（附款）

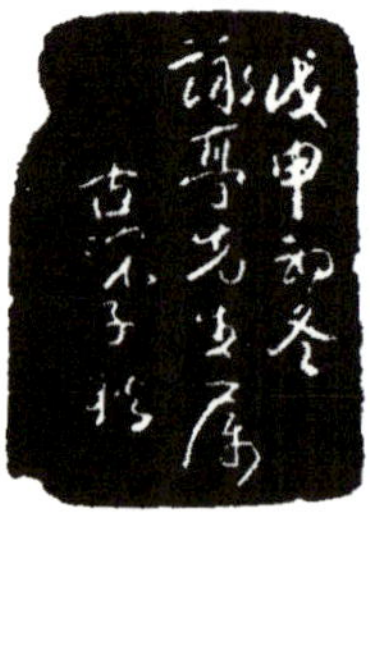

春涯 逢原 有好都能累此生

谿斋审存（附款） 我书意造本无法（附款）

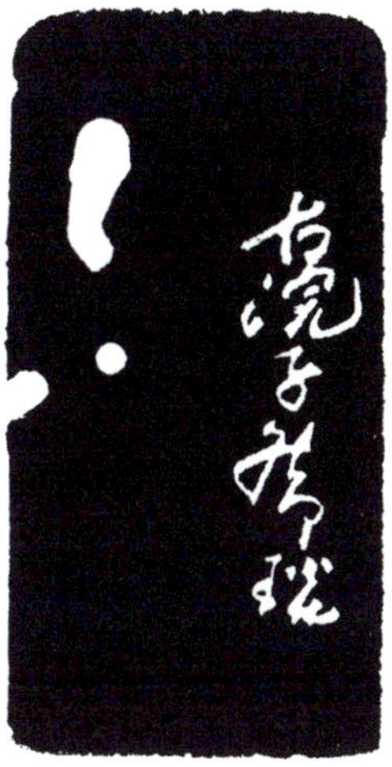

一日之迹（附款） 江流有声断岸千尺

子舆 意与古会 两地青碟 㬔城一日长

巴慰祖

巴慰祖（一七四四—一七九三），字予籍，又字子安，隽堂，号晋堂、鱼檝，又号莲舫，安徽歙县人。工隶书，擅山水花鸟画，对书画古器的收藏极富，所仿青铜器几能乱真。他的篆刻章法多巧思，风格不与程邃相同，形式多样，直追秦汉，在当时的影响较大，可惜流传的作品极少。辑有《四香堂印余》《百寿图印谱》等。

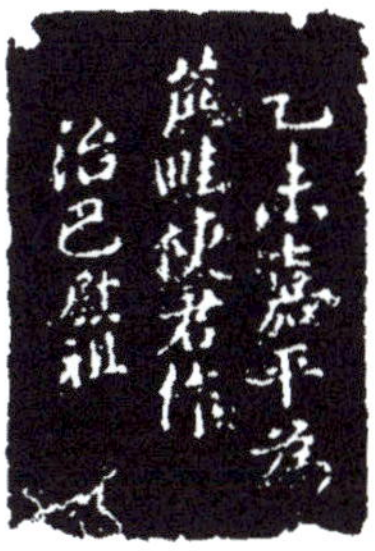

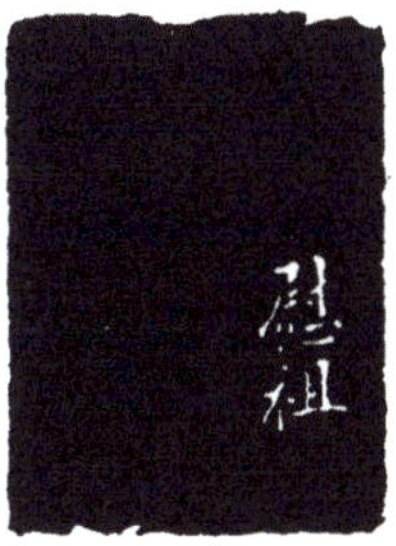

乃不知有汉无论魏晋（附款） 栎阳张氏（附款）

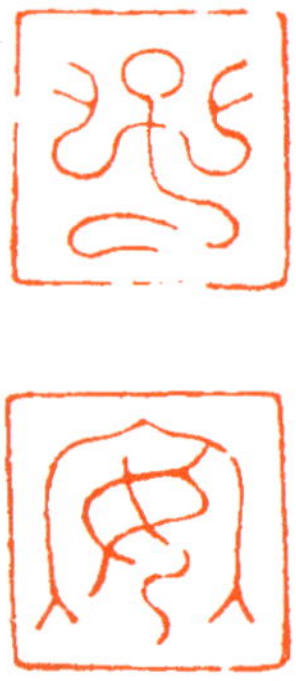

子安　高平慰印　胡唐之印信　胡庚唐咏陶碧泉寿客
东鲁布衣（附款）　董小池　董洵　山阴董洵章

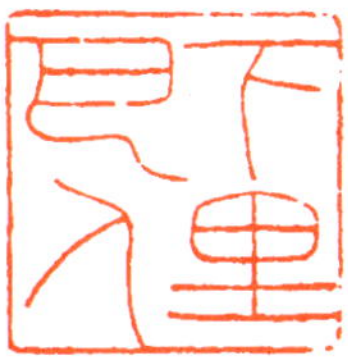

树谷 胡唐印信 董洵之鉨 董洵私印
巴予藉 下里巴人 己卯优贡辛巳学廉（附款）

黄易

黄易（一七四四—一八〇二），字大易，号小松、秋庵等，浙江杭州人。是丁敬的学生，诗书画印，无一不精，又长于金石考证，使他的作品有深厚的内涵，所以，丁敬见到他的作品后，曾赞叹地说：『将来能继我而起的，一定是小松。』著有《小蓬莱阁金石文字》《秋影庵主印谱》等。

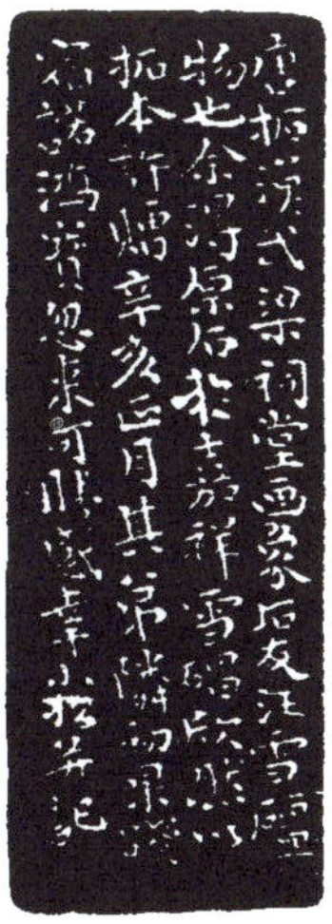

冬花盦　茶熟香温且自看　汉画室（附款）

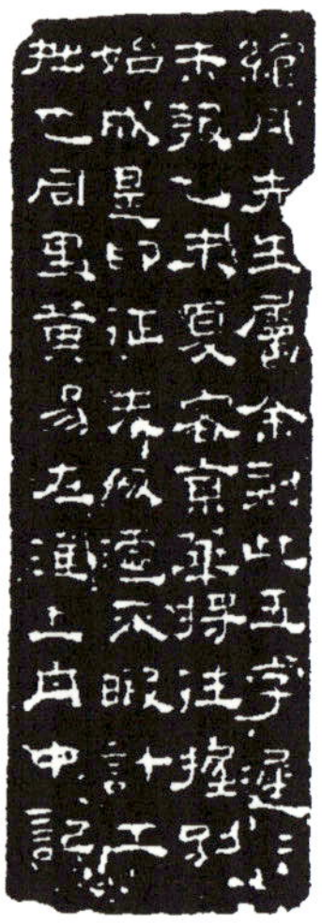

师竹斋　画秋亭长　石墨楼（附款）

秋盦　一笑百虑忘　留余春山房（附款）

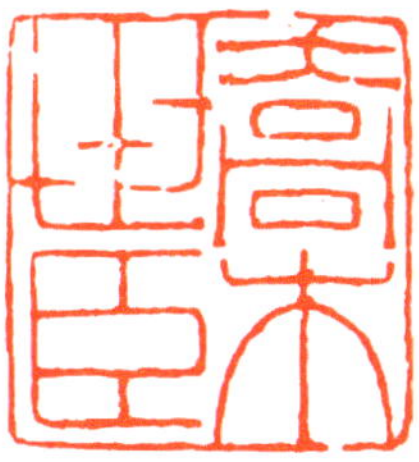

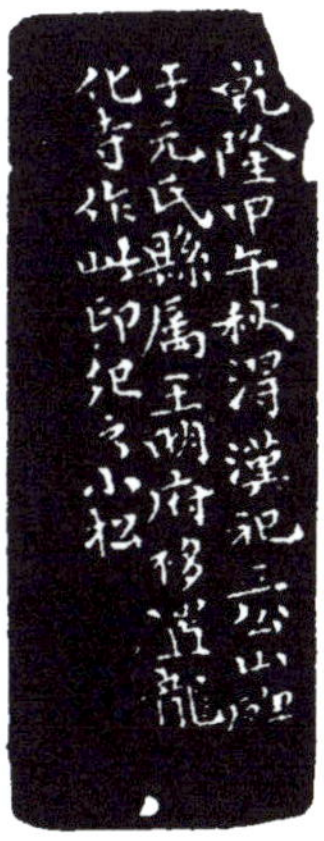

苏米斋　乔木世臣　湘管斋　心迹双清
一不为少　乙酉解元　小松所得金石（附款）

奚岡

奚冈（一七四六—一八〇三），原名钢，字纯章，号铁生，又号萝龛、隺渚生、蒙泉、蒙泉外史、蝶野子、奚道士、散木居士等，安徽歙县人，后移居浙江钱塘（今杭州）。少年早慧，九岁已能写隶书。精于绘画，惜名声被书法篆刻所掩。篆刻师法丁敬，与丁敬、蒋仁、黄易齐名，称为『杭郡四家』，也有称为『西泠前四家』的。有《冬花庵烬余稿》《蒙泉外史印谱》等行世。

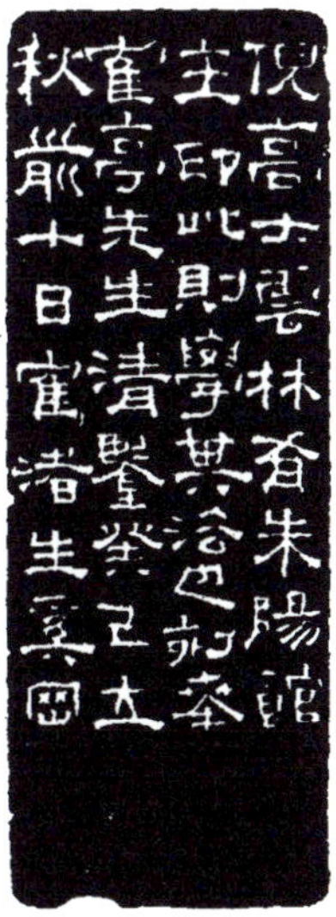

频罗菴主 蒙泉外史 秋声馆主（附款）

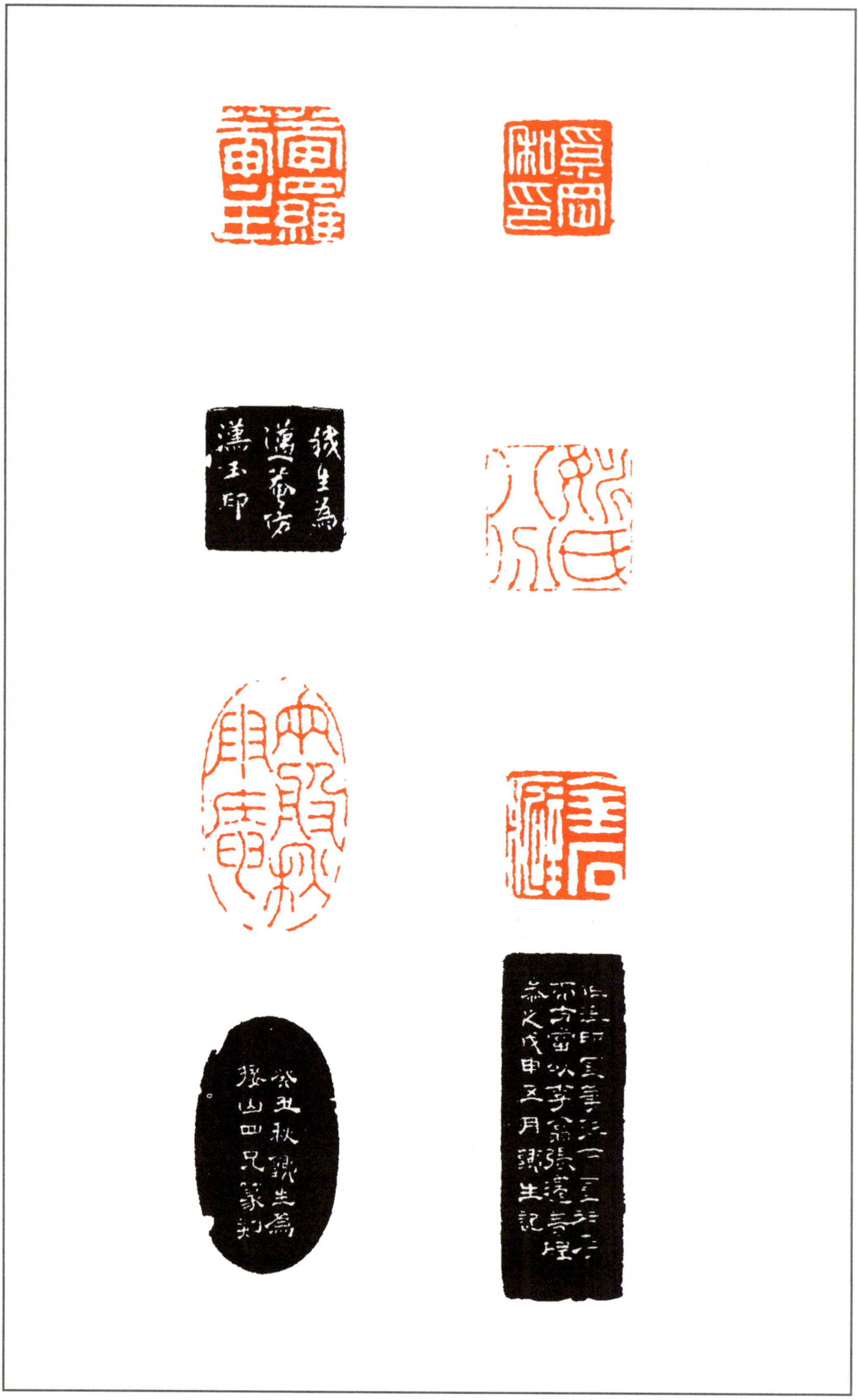

奚冈私印 姚氏八分 金石癖（附款）

菴罗菴主（附款）两般秋雨庵（附款）

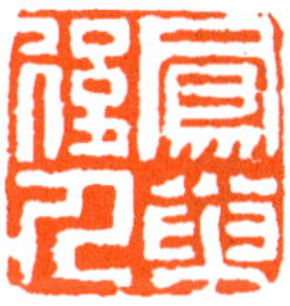

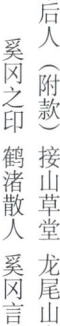

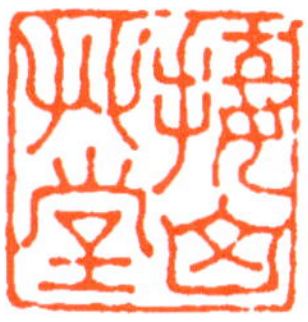

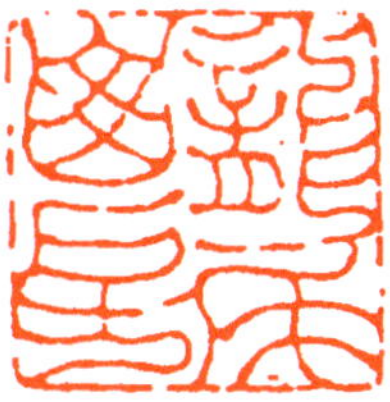

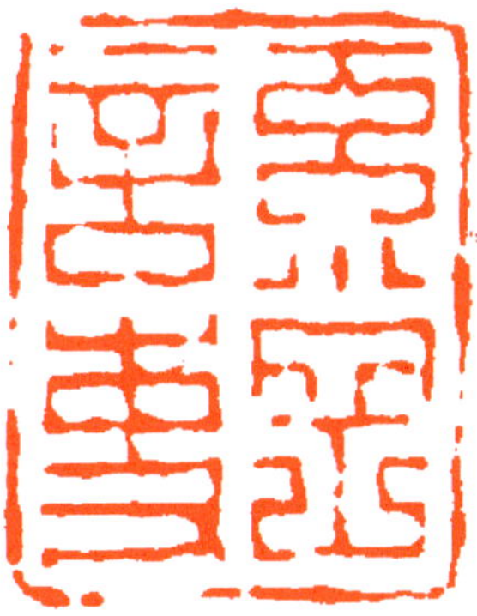

凤巢后人（附款） 接山草堂 龙尾山房
奚冈之印 鹤渚散人 奚冈言事

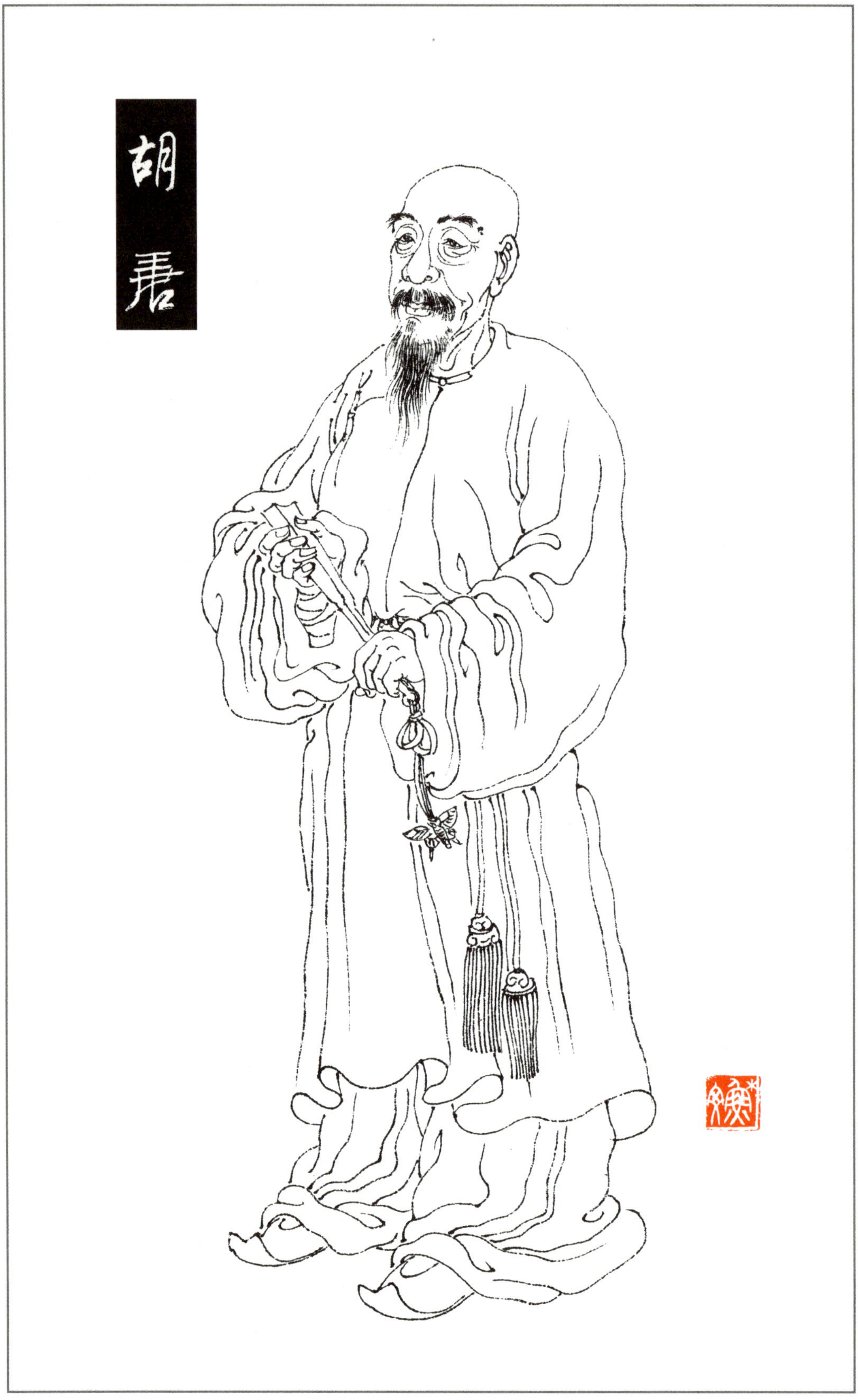
胡唐

胡唐（一七五九—一八二六后），又名长庚，号子西、辟翁、城东居士，安徽歙县人，是巴慰祖的外甥。篆刻长于仿秦汉玺印，其小字款识更为清秀绝俗，与巴慰祖并称为『巴胡』。赵之谦对巴、胡的作品特别赞赏，并受到他们的影响。巴、胡的作品传世极少，只在程芝华摹刻的《古蜗篆居印述》和《董巴胡王合刻印谱》中收录了一些印作。另著有《木雁斋诗》。

辟翁　少韩（附款）

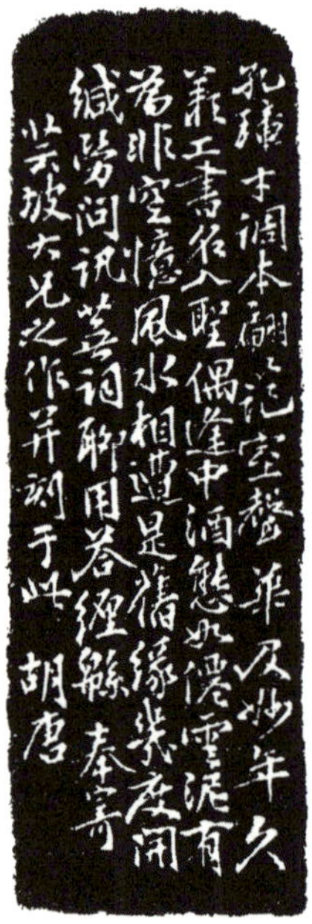

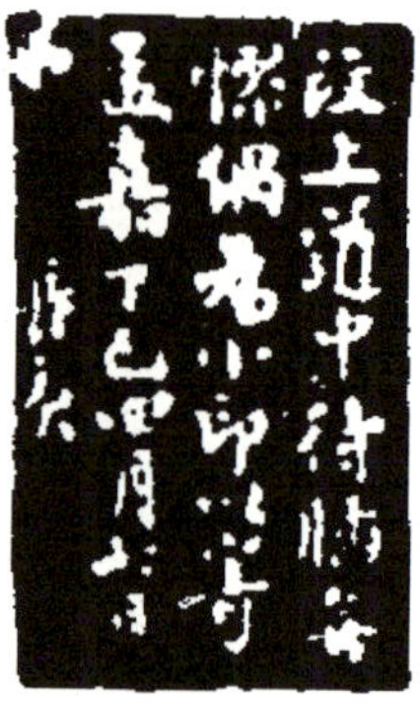

城东十四郎　藕花小舸（附款）
陈启湘印（附款）

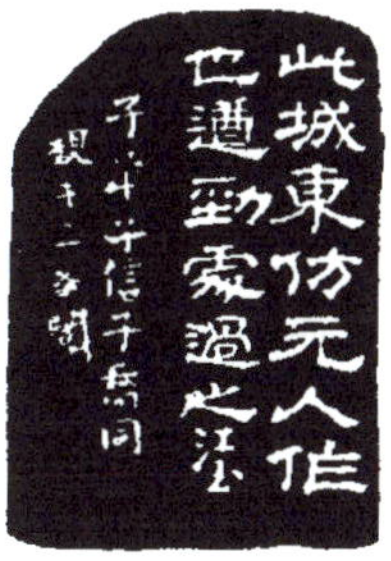

张公子（附款） 白发书生（附款） 树谷（附款）

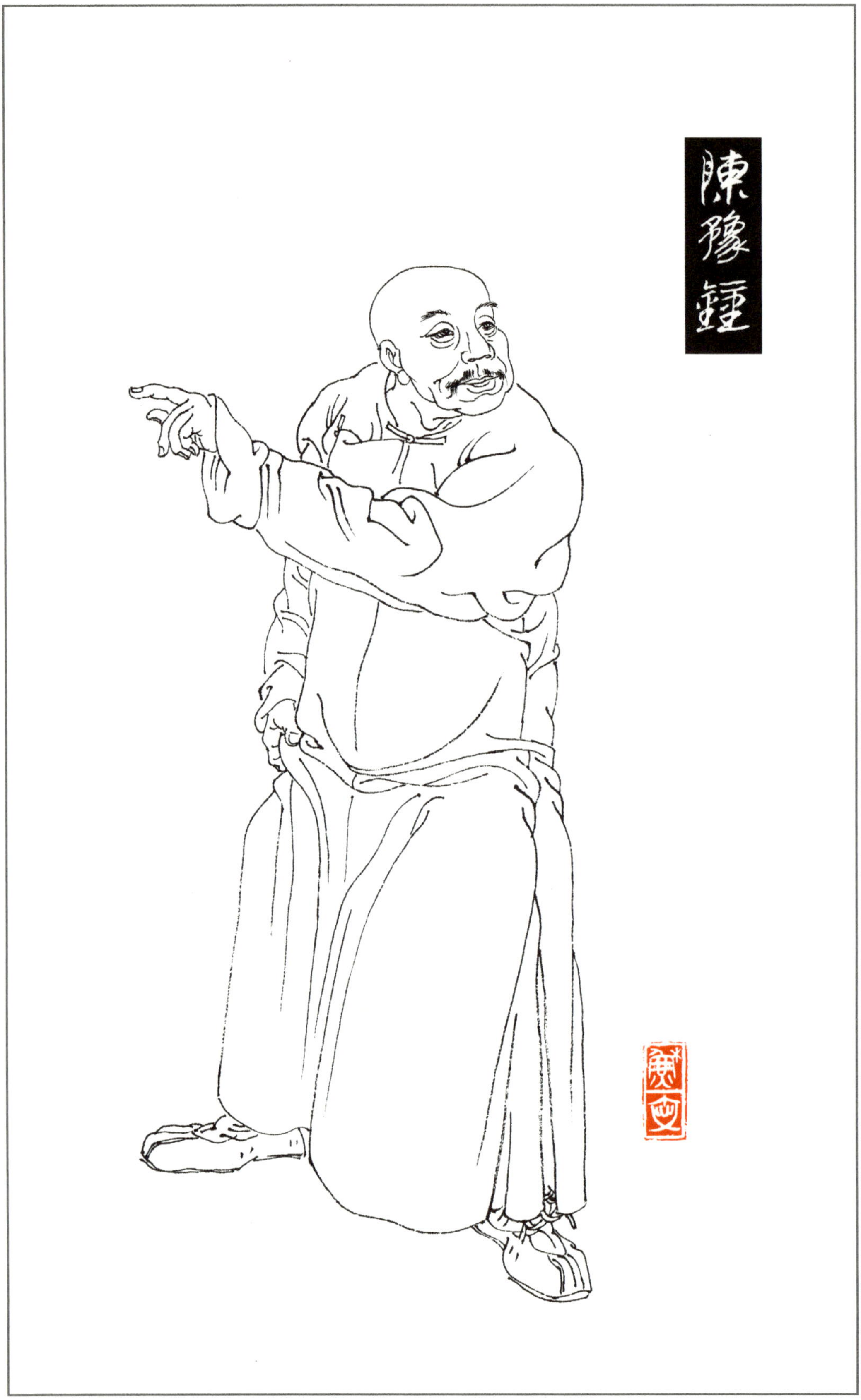
陳豫鍾

陈豫钟（一七六二—一八〇六），字浚仪，号秋堂，浙江杭州人。书画篆刻都有极高的造诣。长于金石文字学的研究，尤喜文物的收藏鉴别，对名画佳砚和珍版碑拓，常不惜重金购置，与陈鸿寿极亲密，两人同时齐名，世称『二陈』。著有《求是斋集》《求是斋印谱》《古今画人传》等。

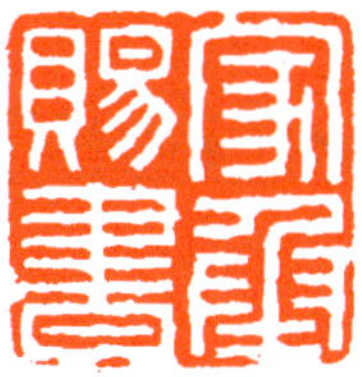

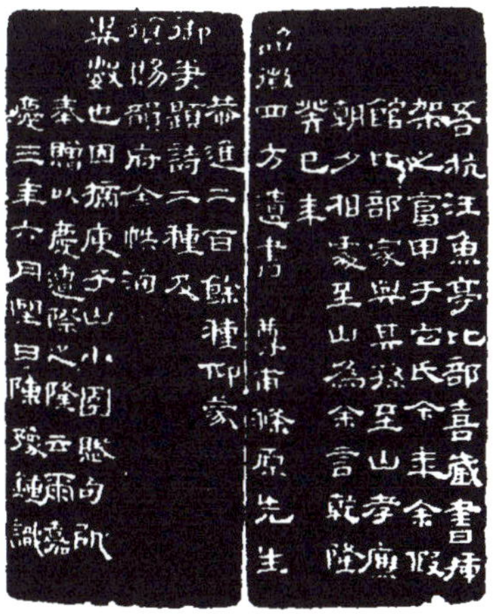

托兴豪素 陈豫钟印 家承赐书（附款）

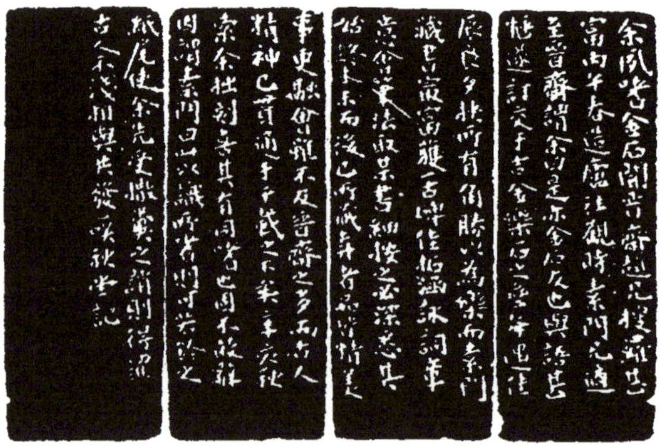

赵氏晋斋　最爱热肠人

陈豫钟印　几生修得到梅花　素门所藏金石（附款）

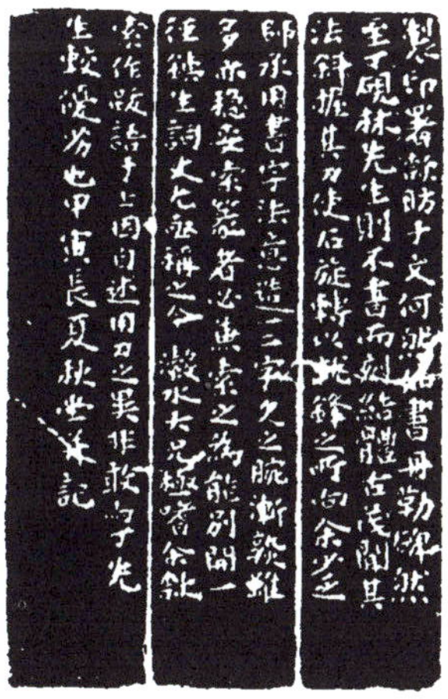

求是斋 陈氏浚仪 希濂之印（附款）
文章有神交有道 水村山郭 洗翠轩

陳鴻壽

陈鸿寿（一七六八—一八二二），字子恭，号曼生、曼寿、种榆道人等，浙江杭州人。四体书都很精绝，篆刻学丁敬、黄易而刀法的运用更为大胆。曾与宜兴茶具制作名家杨彭年合作，仿古出新，并亲自篆刻铭词，这种名为『曼生壶』的茶具，一直被收藏家视为珍品。著有《种榆仙馆集》《桑连理馆集》等。

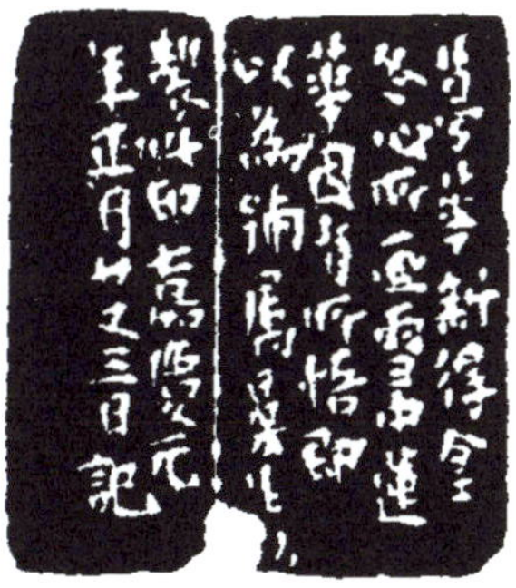

琴书诗画巢　延年益寿　雪莲道人（附款）

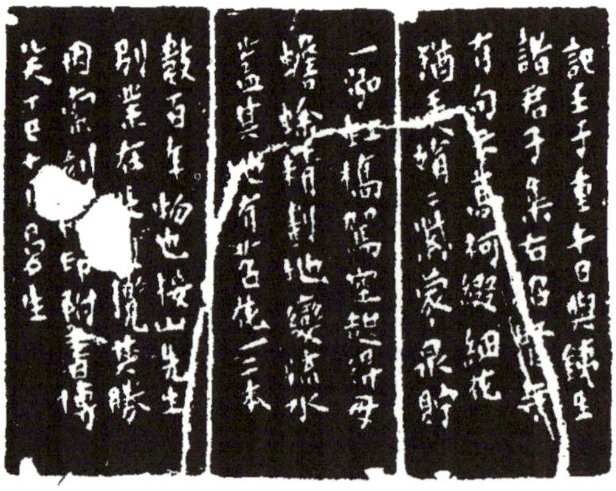

绕屋梅花三十树 范崇阶印 声仲甫（附款） 茗华馆印（附款）

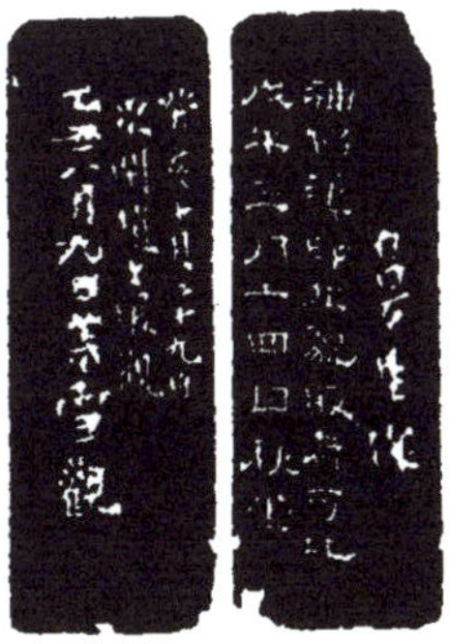

七芗诗画 松宇秋琴 西泠钓徒 南芗书画
浓花澹柳钱唐 南宫第一 汪彤云印（附款）

楊澥

杨澥（一七八一—一八五〇），原名海，字龙石，号竹唐，别号聋石、聋道人，晚号野航，别署石公山人、枯杨生等，江苏吴江人。长于书法和金石考证之学，书法上尤爱模仿《天发神谶碑》，亦善刻竹，对人物仕女刻得十分传神。篆刻初学浙派，后专师秦汉印。从他的作品来看，浙派的痕迹还很多，略有自己的特点。在当时来说，他已颇有名声，号称江南第一名手。传说宋人米芾有石癖，而杨澥独有爱龟的奇癖，他常把龟藏在衣袖里，有空就摆弄。据说后来获得一块很大的龟甲，他竟不顾旁人嘲笑，在此龟甲上自刻铭词，端坐其上。著有《杨龙石印存》二卷。

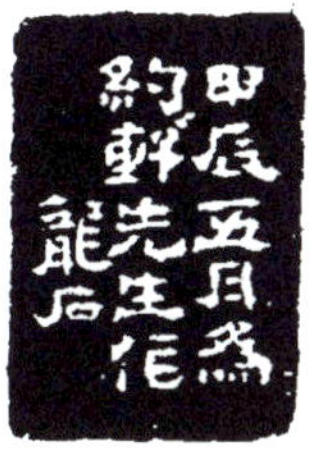

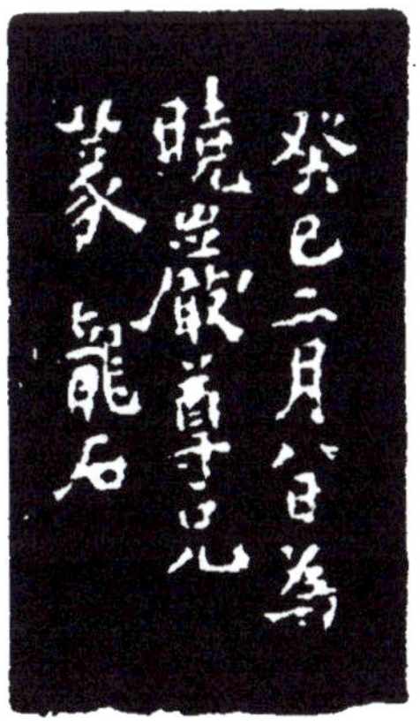

昭文张约轩鉴定（附款） 白溪听香主人姚泰之印（附款）

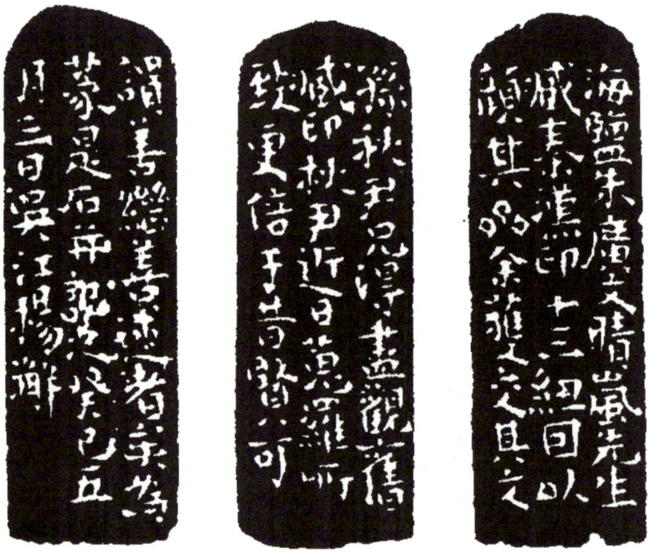

青篁深处　汪退初堂之印

应篪　津门金镕　秦汉十三印斋（附款）

鸣谦（附款） 计大坝印 结撰至思兰芳假

延年益寿 悦我生涯 蔼村

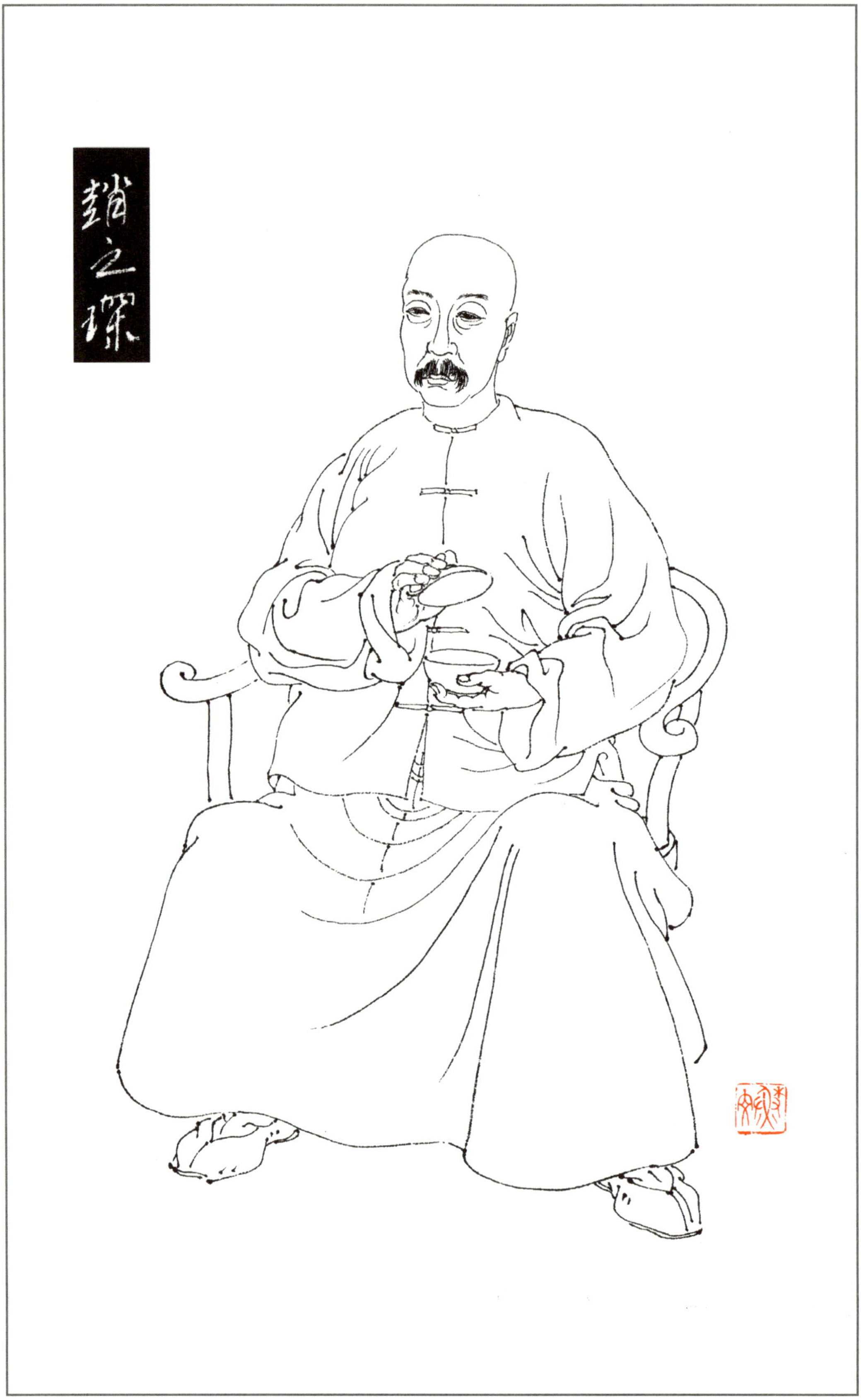
趙之琛

赵之琛（一七八一—一八五二），字次闲，号献父、退庵、静观，别署宝月山人等，浙江杭州人。是陈豫钟的学生，他的刻印极多，在技巧上，可以说是集浙派之大成。著有《补罗迦室诗集》《补罗迦室印谱》等。

汉瓦当砚斋　越垞诗画　郭海叔子

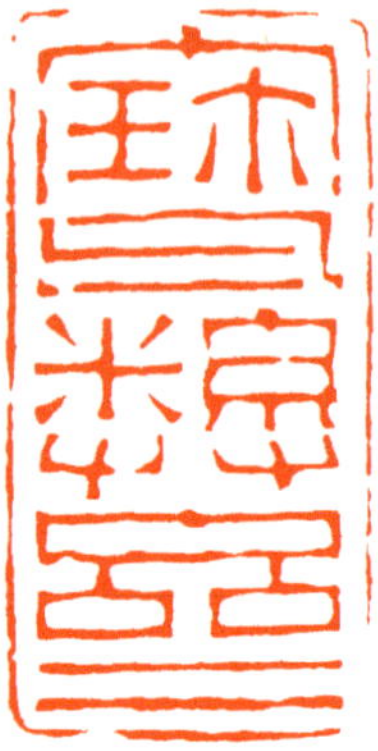
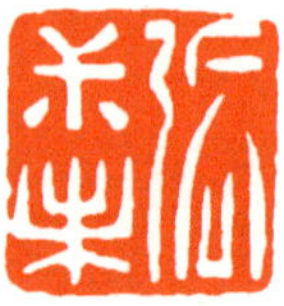

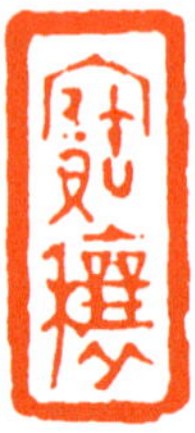
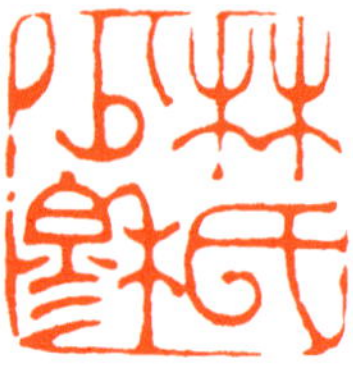
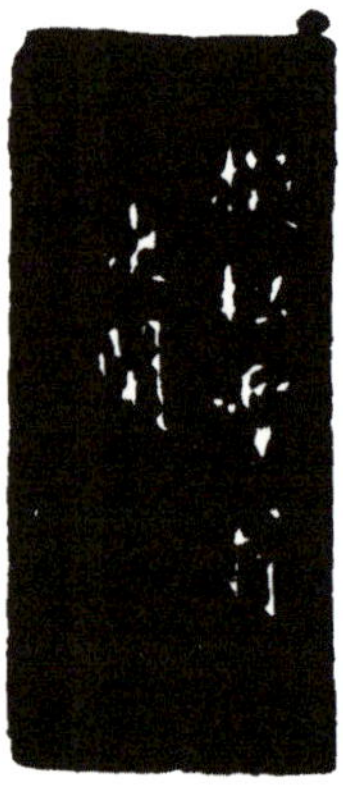
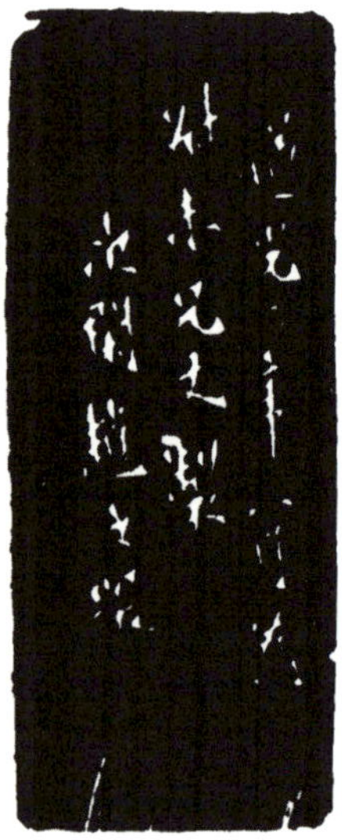

宝彝斋 林氏少穆（附款）

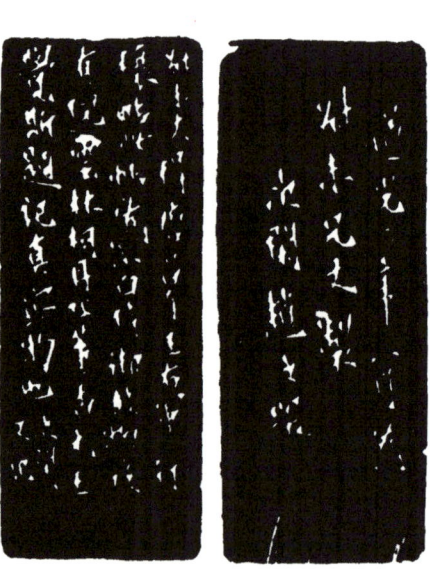

张叔未 张廷济印 宝穰（附款）

补罗迦室　玉壶天地小蓬莱　蔷薇一研雨催诗（附款）
臣书刷字　纵笔　湖村花隐　泰顺潘鼎彝长书画记

吳熙載

吴熙载（一七九九—一八七〇），原名廷飏，字让之，亦作攘之，别署让翁、方竹丈人、晚学居士等，江苏仪征人。师事邓石如的学生包世臣，所以是邓石如的再传弟子。书法功力极深，尤以篆隶见长。他从小喜爱篆刻，十五岁起即对汉印下过近十年功夫。三十岁后见到邓石如的篆刻，惊佩不已，便倾心效法，并在学邓的基础上创立自己的面目。艺术大师吴昌硕曾说过：『学完白不若取径于让翁。』其推崇可想。他的作品有《师慎轩印谱》《吴让之印谱》等行世。

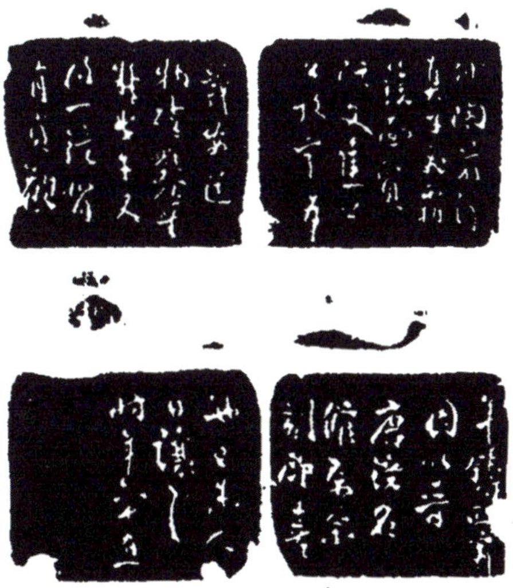

砚山 画梅乞米 晋唐镜馆（附款）

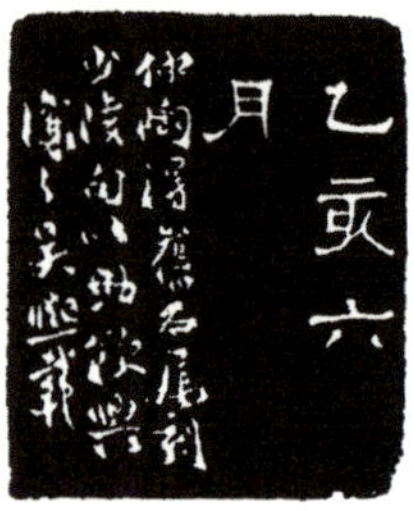

自称臣是酒中仙（附款） 玉堂清秘 醉墨轩收藏金石书画

包诚字兴言又字子克 释莲溪画印 十二砚斋 人因见懒误称高

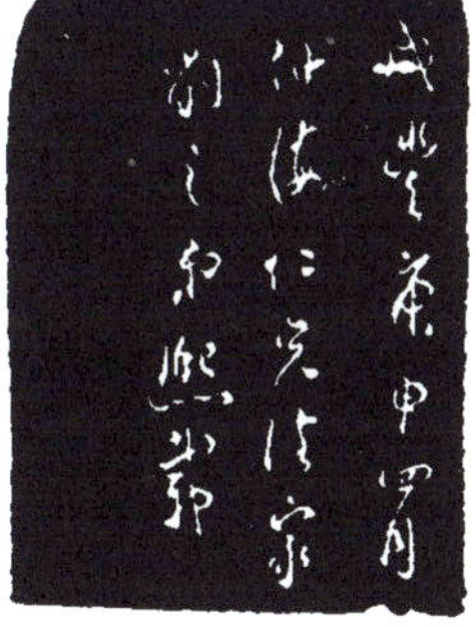

迟云山馆书画记　道法自然　盖平姚氏秘笈之印（附款）
兴言　攘之　两罍轩　甘泉岑镕仲陶所藏钟鼎文字

吴滔

吴咨（一八一三—一八五八），字圣俞，号哂予，江苏武进人。精通六书及书画，书法中尤长于篆隶，画得恽寿平的神趣。篆刻的成就最大。他的创作态度极严谨，每设计一方印，无论从字的点画姿态、偏旁组合或屈折垂缩等都细加推敲，特别讲究多字印的文字布局，不管字怎么多，笔画怎么繁复，总力求处理得妥帖舒畅。他是个早慧的艺术家，可惜逝世过早，故流传的作品不多。著有《续三十五举》《适园印印》四卷和《适园印存》一卷。

吴咨　则古昔斋（附款）

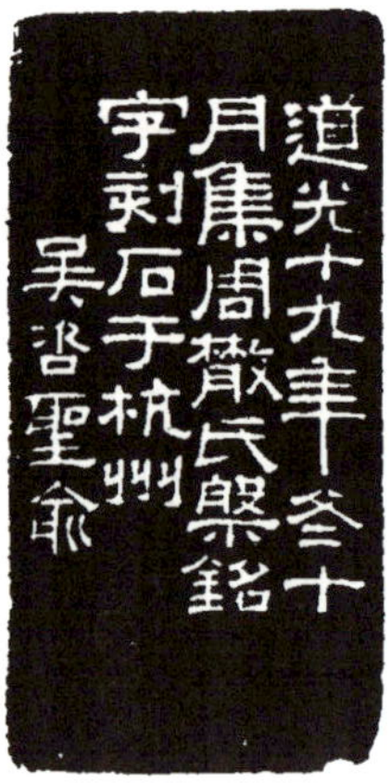

子贞氏（附款） 圣俞

中原有菽庶民采之 难说于君画与君 蓉江

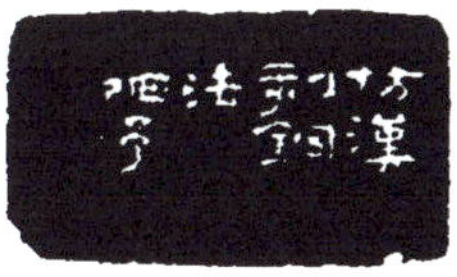

希陶抗祖之斋　人间何处有此境　人在蓬莱第一峰（附款）
烟霞性之所适　白云深处是吾庐（附款）　夜坐能使画理自深

胡震

胡震（一八一四—一八六二），字不恐，号鼻山、胡鼻山人、富春大岭长等，浙江富阳人。他对于古文及篆籀八分之学都有很深的研究。他的摹印功夫很深，后来见到了钱松的作品，大为叹服，从此就专心学习钱松的风格，并与钱松建立了极为亲密的友谊。他是浙派中仅次于西泠八家的名手，后死于瘟疫。广东严荄曾将他和钱松两人的作品辑为《钱叔盖胡鼻山两家刻印》。

胡鼻山人同治大善以后所书　韵初所得金石文字（附款）

华亭胡氏 木居士（附款）

江东老剑（附款） 东吴陆祉

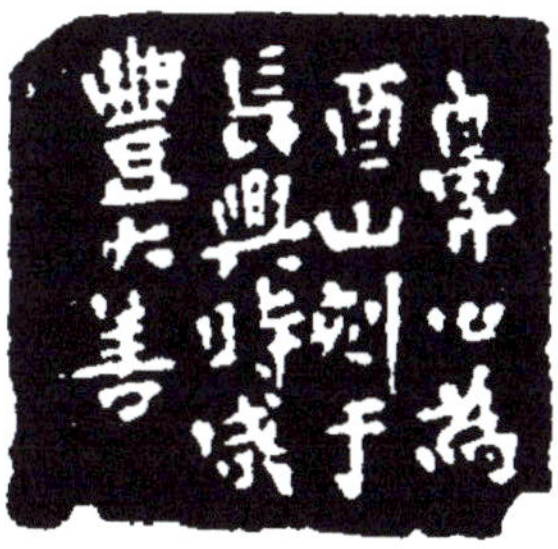

将军山樵　曾经沧海　平原叔子（附款）

宝董室　长寿公寿　汝南伯子　我有神剑异人与

錢松

钱松（一八一八—一八六〇），原名松如，字叔盖，号耐青、铁庐，别号曼华居士、增峰居士，晚号老盖、未道人、西郭外史、云和山人等。浙江杭州人。书画金石都十分精能，篆刻功力尤深，曾摹二千方汉印。当赵之琛看到他的作品后，惊叹他为丁敬、黄易以后的第一人，就连以前的文彭、何震也望尘莫及了。著作有《未虚室印谱》《铁庐印谱》，以及和胡鼻山合辑在一起的《钱叔盖胡鼻山两家刻印》。

声远草堂

燕园主人诗词歌赋之章

老夫平生好奇古

杨季仇信印大贵长寿

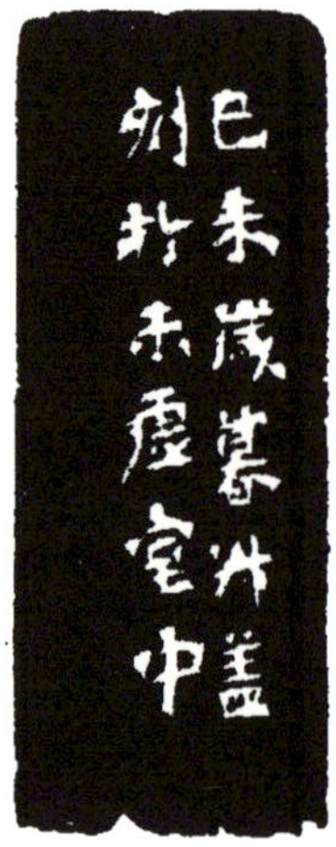

虎帐红灯鸳帐酒　汪氏八分　范氏岁寒堂藏珍印（附款）
石头盦（附款）　许乃普印（附款）

一病身心归寂寞 半生遇合感因缘 画以字行 恩骑尉印（附款）

小吉羊室赏真之印 胡鼻山人胡震之章 藏寿室印

徐三庚

徐三庚（一八二六—一八九〇），字辛穀，号井罍、袖海，别号金罍道士，浙江上虞人。通金石，工篆隶，苦练《天发神谶碑》并参以金冬心的侧笔写法有一定创获。他生活的时代，正值浙派渐趋衰微的时期，由于他大胆创新，将自己写篆的风格融入刻印中，加上他精研过秦汉印及邓石如的刻法，使他的印在吴熙载、赵之谦之外别开生面，而风靡一时。当时一些名画家如张熊、任颐、黄山寿、蒲华等人的用印，大多出自其手。日本的篆刻家圆山大迁、秋山白岩等也远涉重洋投师门下。其晚年篆刻趋向定型，习气渐深，终成流弊。作品集有《金罍山民印存》《似鱼室印谱》《金罍山人印谱》《金罍印摭》等。

原名际昌一字醒吾　成达章印　若泉（附款）

保谦私印　陆廷黻印　作英诗画　蒲华印信

滋畬　徐三庚印　鼎鉴斋（附款）

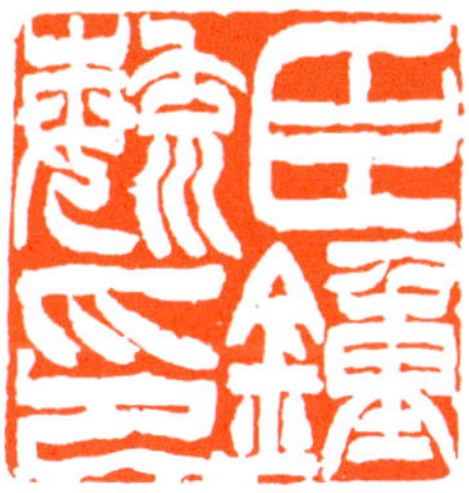

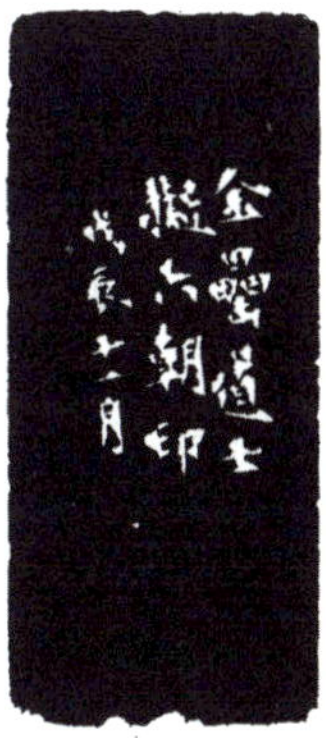

雪塍 李光甫行九 青爱庐（附款）

臣钟毓印 孝通父 延陵季子之后（附款）

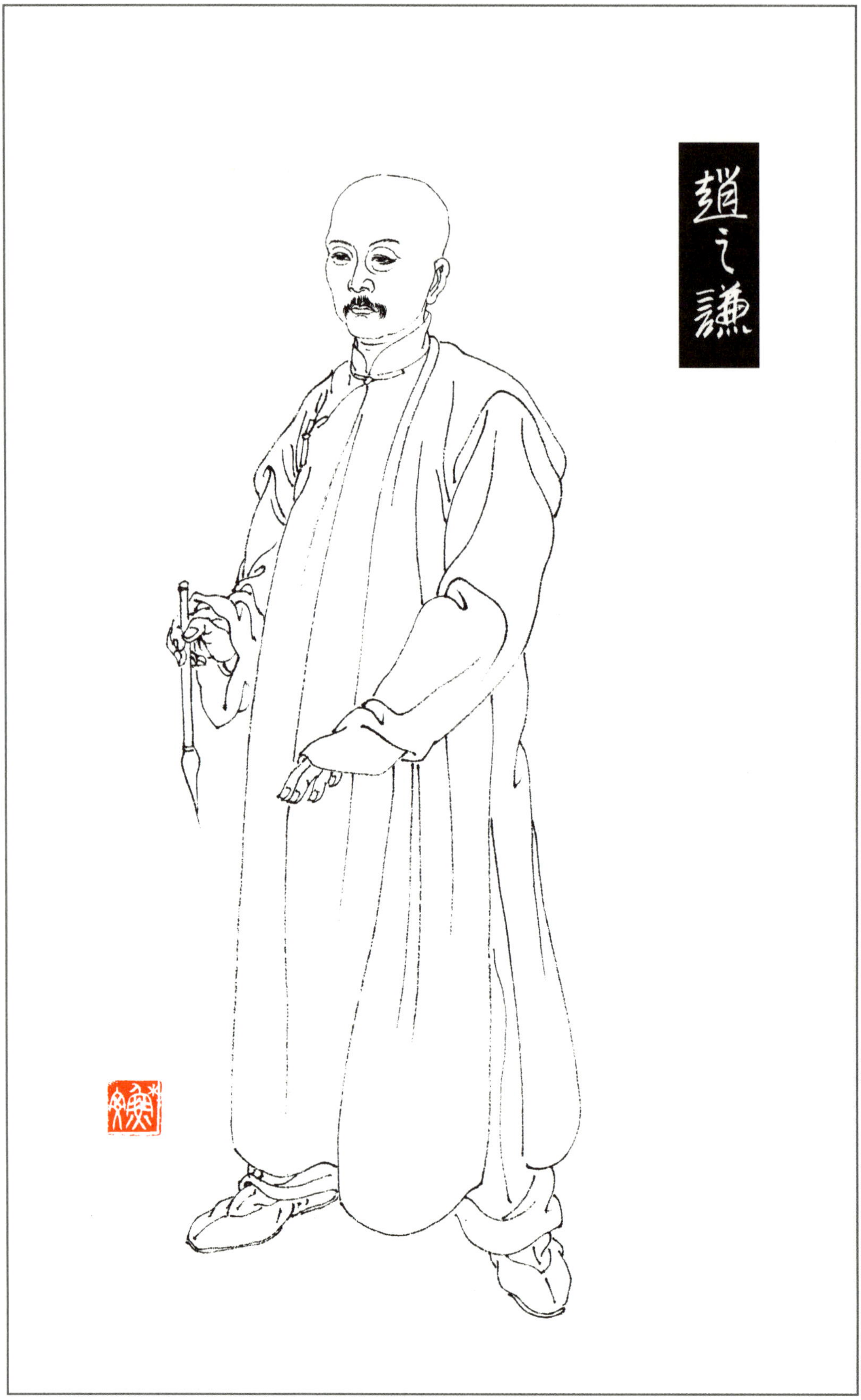
趙之謙

赵之谦（一八二九—一八八四），字益甫、㧑叔，号铁三、冷君、悲盦、无闷等，浙江绍兴人。他在晚清艺坛上，是一位诗、书、画、印堪称『四绝』的多面手，一位极具革新精神的闯将。篆刻上三十岁前学浙派，之后学皖派并直接研究秦汉玺印，广开取资领域，涉猎权量诏版、泉布镜铭、瓦当石碣、汉砖封泥等，凡能为其篆刻服务的，无不广为吸收，为己所用。在边款的刻制上，他开创了以北魏书体刻朱文款识，以汉画像入款的新风。实现了他『为六百年来摹印家立一门户』的抱负。他的创新实践，影响和启迪了近代的吴昌硕、齐白石等大师。赵之谦在篆刻史上的创新精神和作出的贡献，是极为难能可贵的。

他的印谱有《赵㧑叔印谱》《悲盦印谱》等。

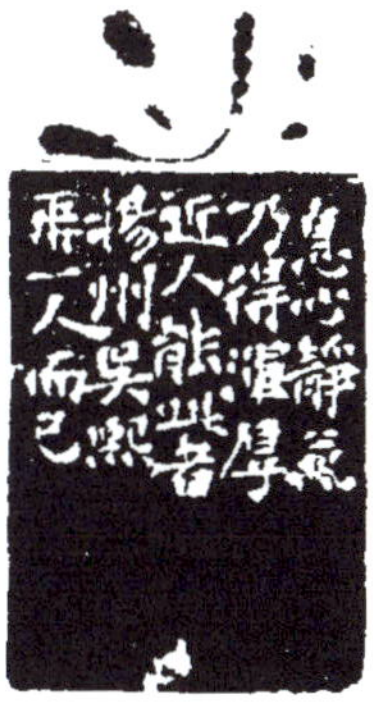

丁文蔚　刘铣之印　会稽赵之谦字㧑叔印（附款）

周千秋　金石录十卷人家　仁和魏锡曾稼孙之印（附款）

郑斋所藏　汉后隋前有此人

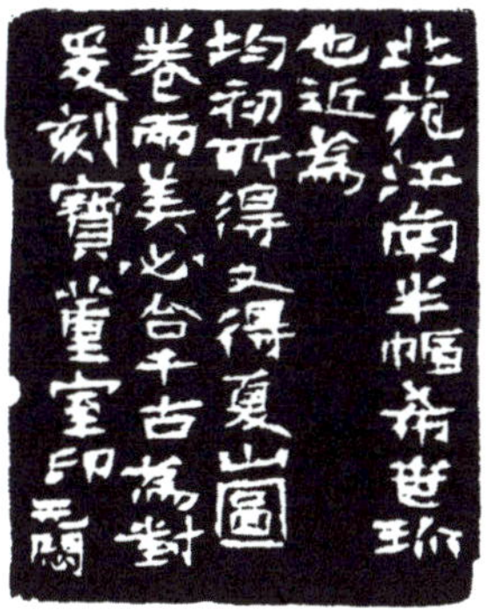

宝董室（附款）

二金蝶堂　伯寅藏书　福德长寿　灵寿花馆收藏金石印

王石經

王石经（一八三三—一九一八），字君都，号西泉，别署甄古斋主等，山东潍县人。他的同里就是名满海内外，有『十钟山房』『万印楼』之称的陈介祺。据著名画家郭味渠的夫人（陈介祺的玄孙女）介绍，王石经在陈府一度担任家庭教师，曾教过郭夫人。在陈介祺那里得以尽览其丰富的藏品，使他的金石学识、鉴别水平、篆刻技巧更加精进。他所刻的古玺文字，犹如未经剔刷的三代铜器的款识。当时的名公巨卿、著名收藏家潘祖荫及吴大澂，以收甲骨而闻名于世的王懿荣、古铜器收藏家吴云等，都请他刻过不少印。其著作有辑古印的《集古印隽》，自编印集《甄古斋印谱》和与人合编的《古印偶存》。

半生林下田间　海滨病史　文章司马

齐东陶父　王石经印字为君都　仲铭　张仔信印

罍翁（附款）　秦前文字之语　海滨病史

篁斋 万印楼 苏邻老人（附款）

集秦斯之大观 千化范室 曹鸿勋印 篁斋

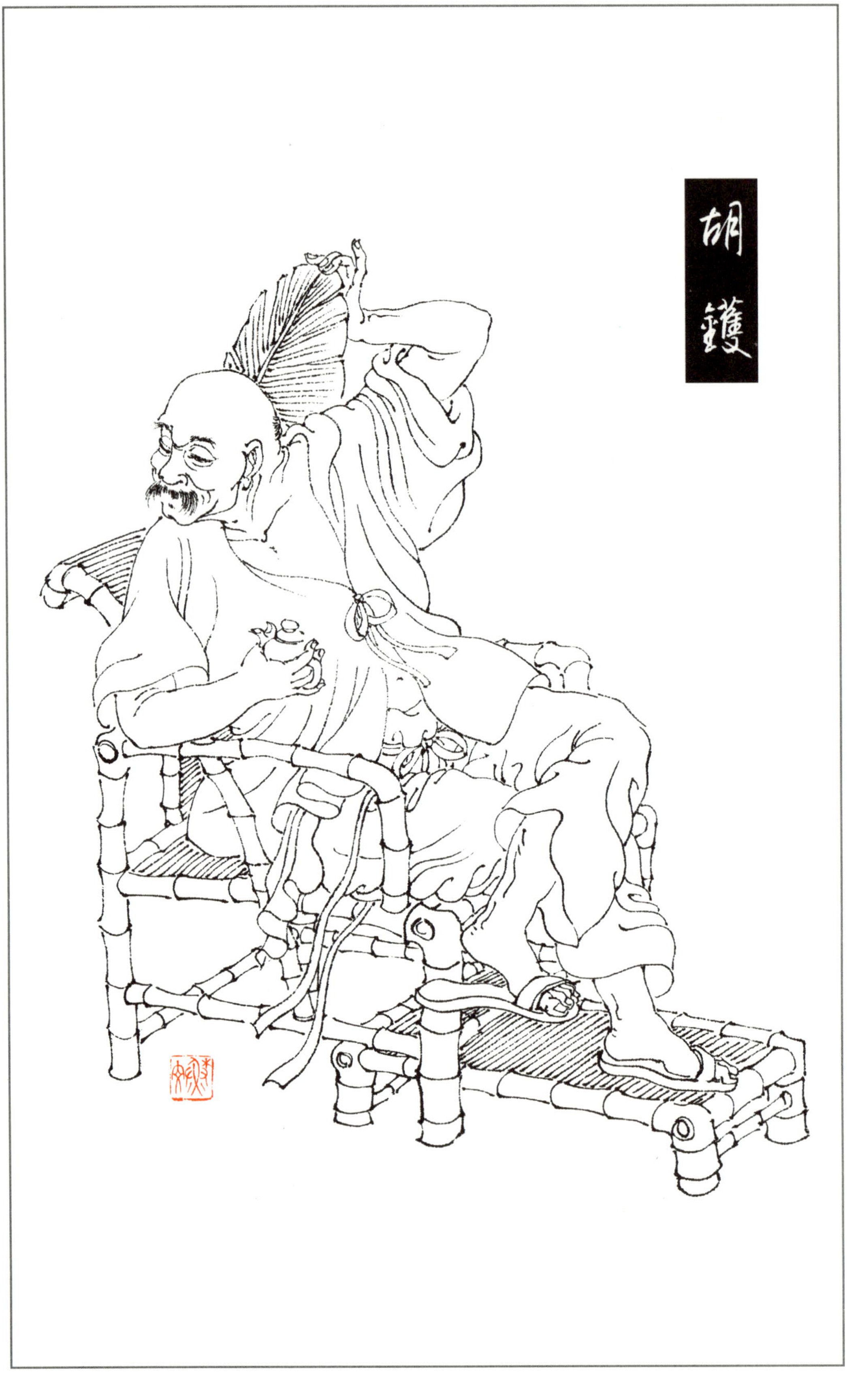
胡钁

胡镬（一八四〇—一九一〇），字匊邻，号老匊、老鞠，别号晚翠亭长、湘波亭主、抱溪老渔等，浙江石门人。胡镬多才多艺，长于诗文书法，擅刻竹，又擅画兰菊，篆刻初师陈鸿寿，以切刀法刻之，后取法汉玉印、凿印及诏版，刀法挺秀，转折遒劲如铁，其细白文的成就最高。著作有《晚翠亭长印储》《胡镬印存》《不波小泊吟草》《寄寄庐印赏》《晚翠亭藏印》等。

杨临今更名晋　山静似太古　日长如小年（附款）

生于壬戌　蓝州　丁竹孙　吴滔之印

仁和陈汉第伏庐印信　晚翠亭长（附款）硬黄一卷写兰亭

春辉外史　泉唐杨拜苏考藏金石　石门胡镬长生安乐（附款）

来鹭草堂　石门吴征待秋父　九鼎十爵之榭　半读半耕世业

吳昌碩

吴昌硕（一八四四—一九二七），原名俊，又名俊卿，字昌硕，又字仓石，别号缶庐、苦铁、破荷、大聋、老缶、缶道人、石尊者、酸寒尉、芜青亭长、五湖印匄等。浙江安吉人。他是晚清最后一位杰出的大艺术家，在诗、书、画、印等方面，超绝古今，自成一家，成就极高，其流风余韵一直到当代。他的青少年时代曾历尽饥寒，但对艺术的追求却从未停止。他的篆刻从浙派入手，后受邓石如、吴让之、赵之谦影响，上追秦汉玺印，尤能貌拙气盛地作石鼓文，以玺印封泥、砖甓匋瓦及碑碣等书体融入书法、绘画、篆刻的创作。篆刻用刀化钱松、吴让之的刀法为一种新的刀法，钝刀硬入，使他的创作别具一种古拙浑厚、苍劲郁勃的气息，有别于他之前的任何一位高手，实在是一位食古能化、自出新意的大家，其印谱有《削觚庐印存》《缶庐印存》《吴昌硕印存》《吴昌硕印谱》等行世。

吴氏（附款）　翊道人　寓庸斋

画癖　樊家谷　鹤舞（附款）

适园藏本　陶在宽印　鲜鲜霜中菊（附款）

泰山残石楼　吴俊卿信印日利长寿（附款）
庞芝阁审定　千寻竹斋　千寻竹斋　雷浚

黄士陵

黄士陵（一八四九—一九〇八），字牧甫、穆甫，别号黟山人、倦叟等，安徽黟县人，他在广州侨寓的时间很长，是晚清与吴昌硕同时代的书、画、篆刻大家，其中又以篆刻成就最高。他敢于跳出当时影响极大的皖、浙两派，从学习吴熙载、赵之谦的风格入手，最后印外求印，除取法传世的秦汉玺印之外，又取资于钟鼎泉布、秦权汉瓦、镜铭碑碣，并追求重现铜印光洁妍美的本来面目。他的印作不主张击边残破，而是用薄刀冲刀来重现秦汉玺印原来的崭新面目，独具一种峻峭古丽的风采。他的章法也往往匠心独运，险象丛生，又能从险中求稳，稳中求奇。边款刻法采用北魏书体，也自成面目。著作有《黟山人黄穆甫先生印存》《黄牧甫印存》等。

十六金符斋　祇雅楼印　器甫　渊明四十五世孙

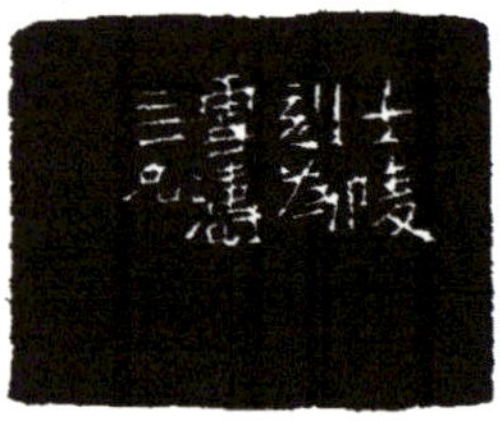

家在庐山第五峰　鲲游别馆　儿女心肠英雄肝胆（附款）

六朝管华斋（附款）

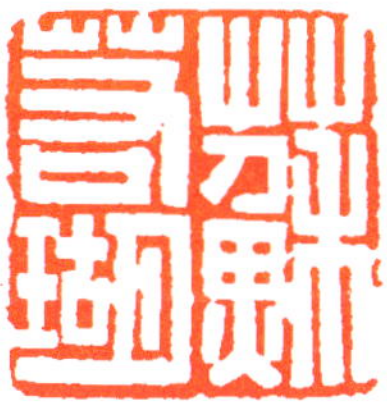

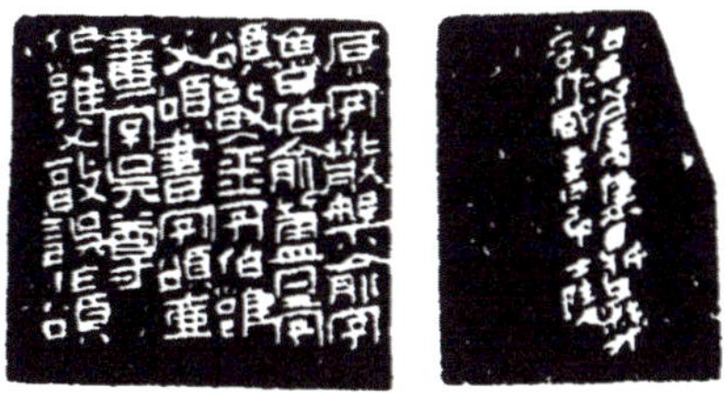

仁举孝昭　必遵修旧文而不穿凿　婺源俞旦收集金石书画（附款）

苏若瑚　药倦倾藏尺牍　臣受性愚陋人事多所不通

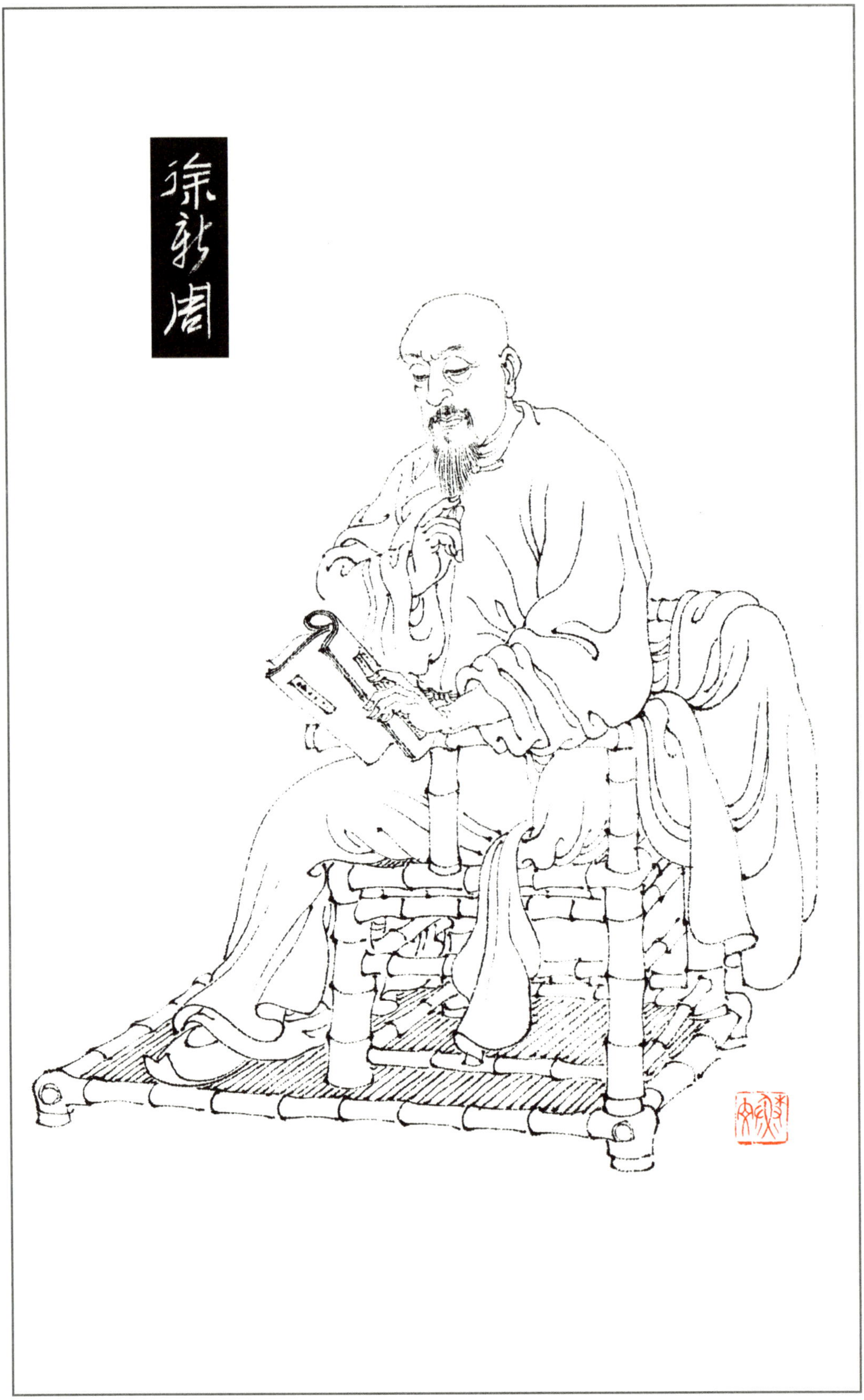
徐新周

徐新周（一八五三—一九二五），字星舟、星州、星洲、星周等，江苏吴县（今苏州）人。他是吴昌硕的嫡传弟子，最得昌硕精髓。据说昌硕晚年的应酬之作，有一些即是他代刀。后来定居上海。居室名陶制庐。其印作很为当时日本人所爱好，纷纷出重金相求，故其作品在日本流传较多。其流传印谱有《徐星洲印集》十册、《藕华盦印存》四册。

游山泽观鱼鸟　率由嘉则　睎高　藏之名山

中平壮肃　刻石纪文　约身自守　先阳春以布化　后秋霜以宣威

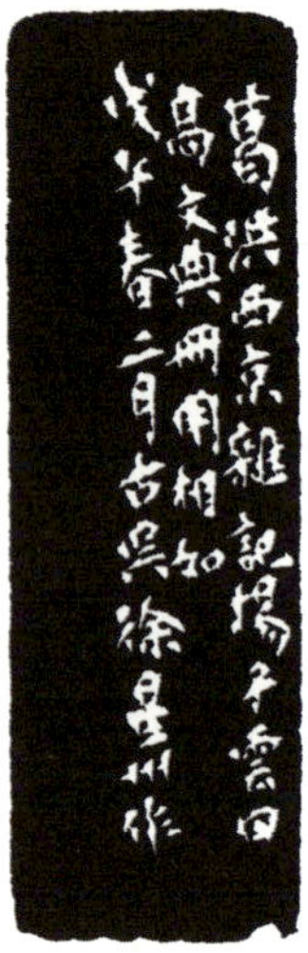

高文（附款）　千秋万祀　幼体兰石自然之姿　长膺清妙孝友之行

利泽长久 稽古之力 香风有邻（附款）

尔雅窈窕夫妇 涵容是处人第一法 吉人之辞 神无不畅

齊白石

齐白石（一八六四—一九五七），字濒生，白石是借用湖南湘潭老家村庄的名字，别号有三百石印富翁、寄萍堂主人、老萍、借山吟馆主者、杏子坞老民、木人、木居士等。是一位木匠出身而又诗、书、画、印无不卓绝的现代大艺术家，在艺术上的经历很有传奇色彩。对这四绝，他自认为篆刻第一，诗词第二，书法第三，绘画第四。他的篆刻初学浙派中的丁敬、黄易，后学赵之谦、吴昌硕。从汉《祀三公山碑》得到启发，改圆笔的篆书为方笔；从《天发神谶碑》得到启发而形成了大刀阔斧的单刀刻法，又从秦权量、诏版、汉将军印、魏晋少数民族多字官印等受到启发，形成纵横平直，不加修饰的印风。著有《白石诗草》《借山吟馆诗草》。刻印辑有《齐濒生印稿》《白石印草》《白石山翁印存》等。

听竹楼主人　夺得天工　悔乌堂

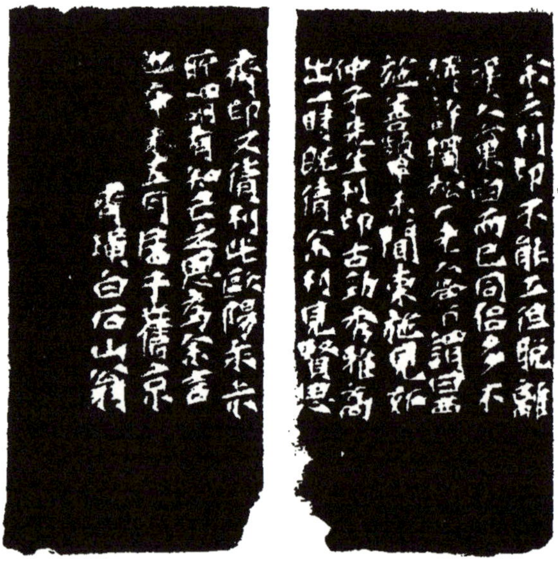

六十 白石印 富翁 不知有汉（附款）

中国长沙湘潭人也　齐大（附款）　大匠之门

齐秉声（附款）

丁二仲

丁二仲（一八六五—一九三五），原名尚庾，字二仲，号潞河，后以字行，别署十七树梅花馆主人，祖籍浙江绍兴，出生于通州（今江苏南通）。少年时居北京，以画鼻烟壶谋生。后定居南京，曾在南京高等师范学校讲授金石学，有他人为之编集的《宾园藏印》二册、《熙园集印》八册出版。丁二仲幼年即好篆刻，每日在砖上摹古印数方。中年起留意古铜印凿款，篆刻取法邓石如、吴让之、赵之谦、吴昌硕诸家。以切刀法仿汉印，也常结合大篆书体治印，破碎一任自然，不事修饰，所作印有秦汉遗韵，邓散木评丁二仲的印说：『近代篆刻家除吴缶老（吴昌硕）、泥道人（赵石）外。我最佩服的有两人，一个是通州丁尚庾，一个是湘潭齐白石。』

彻底心澈水共虚　自求多福　耿庐　一点浮云

温世霖（附款） 孟七所做 井塘 此中有真意
梦龙大利 丁伯子 祖安心赏 组安

孤兼 金石书画巢 萍园私印（附款）

味蔬园主 生气远出 江南杨瀚 过眼云烟

黄賓虹

黄宾虹（一八六五—一九五五），名质，字朴存，又作朴人，别署予向、虹叟，中年以后号宾虹，以号行，书斋名宾虹草堂、虹庐，祖籍安徽歙县，生于浙江金华。他的山水画境界超逸，笔墨奇崛厚重，在近代画坛有很大的影响。绘画上的成就，得力于他在文学、书法上的修养，他爱去古董店里觅集古玺印，认为古玺印文字奇特，结构精妙，『一印虽微，可与寻丈摩崖、千钧重器同其精妙』。黄宾虹的刻印初学巴慰祖，后出秦入汉。由于书法及古文字学等方面的修养，使他的印作苍劲淳朴，凝练安详，但他不轻易奏刀，故作品留传较少。他主张学篆刻要师造化、师古人和今人，而且要多看古今名迹，扩大艺术视野。他的著作有《陶玺文字合证》《古印概论》《冰谼杂录》《宾虹藏印》《宾虹草堂玺印释文》等。

虹若 宾公 片石居

黄质宾虹 黄山山中人 黄宾虹
虹庐 黄宾虹印 冰上鸿飞馆

滨虹八十后作　虹叟诗书画印　甲子冬乙丑年元日生

朴承　宾虹六十以后作　潭上质印

吳隱

吴隐（一八六七—一九二二），名隐，字石潜，号遯盦，又号潜泉，浙江绍兴人，是西泠印社四位创始人之一。『潜泉』就是西泠建社后，他在印社左壑所凿一穴泉涌如沸的小池，命名为『潜泉』，并以此为号。善书、画、刻印，尤以精制印泥著名。在上海广东路设店也名西泠印社，出售自制『潜泉印泥』，兼售篆刻用品。他爱好收集古印，精于碑版。曾集古今名人楹帖缩刻于石，名《古今楹联汇刻》，又编《遯盦秦汉印选》《西泠八家印谱》《遯盦集古印存》《遯盦印话》《铁书》《古陶存》《泉存》《博存》《遯盦金石丛书》等多种。夫人孙织云也擅治印，尤长拓古代铜器款识及印章边款。吴氏手编印谱中的边款，即由其夫人手拓。

怕你不雕虫篆刻　大学士章（附款）

昼锦堂 寿祺

鄂州徐氏（附款） 夫容盦

那桐之印（附款）

祖芬过眼　潜泉辛酉所作　吴隐石潜丙辰五十更号潜泉

葉爲銘

叶为铭（一八六七—一九四八），原名铭，字盘新，又字品三，号叶舟，原籍安徽歙县，世居杭州。善篆隶，能镌碑，尤精于篆刻。宗法秦汉，融会浙派，作品为时所重。与丁辅之、王福厂、吴石潜四人历数年苦心经营布置，终于创立了名扬海内外的印学团体——西泠印社。印社成立后，叶氏手纂『西泠印社社志』。著述有《广印人传》《金石家传略》《叶氏印谱存目》《歙县金石志》《叶氏手抚周秦玺印谱》《列仙印玩》等。

元春　史太君　侍书　薛宝琴

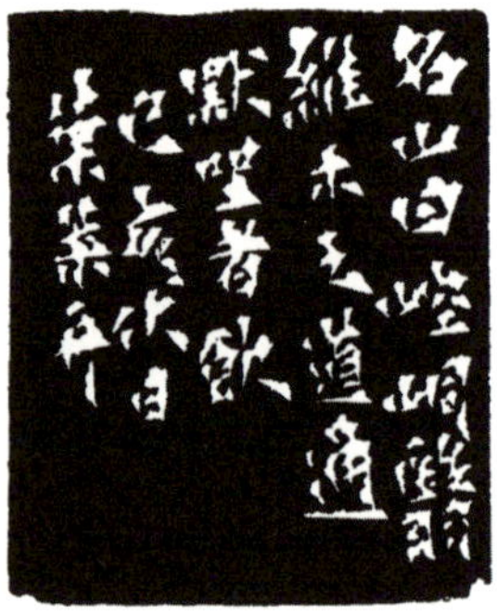

隔花人远天涯近 有影无形 女教为师 惊太

广成子（附款） 人约黄昏后

三让家风 结婚姻为秦晋 黄石公（附款）

补罗迦室私淑弟子 观自在斋 郭朴（附款）

趙石

赵石（一八七三—一九三三），字石农，号古泥、泥道人、古愚等，江苏常熟人。自幼早失慈母，只读过三年私塾，曾在邻村小药铺当过学徒工。后在另一药店供职时，正值有人倡导青少年习字刻印，他每天夜半即起临池苦练。后得同乡李虞章先生发蒙指导，见闻渐广，艺事大进。一次吴昌硕来常熟，由李先生介绍，拜吴昌硕先生为师。昌硕先生观其作品十分赞许，不仅授以刻印要诀，并劝其辞去药店工作，介绍到他在常熟的好友、收藏家沈石友家中学艺以增广见识。赵石书法以颜体见长，苍老朴厚，还善于刻碑，又因其有过人的臂力腕力，所刻牙、铜、金、玉，同样有石章意趣。其著作有《赵古泥印存》《泥道人印存》《泥道人诗草》等。

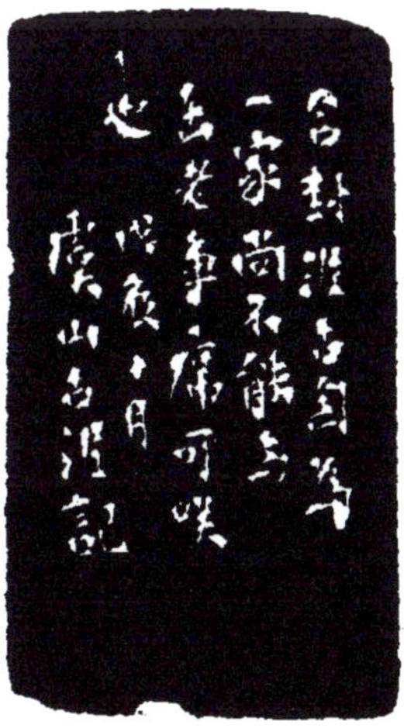

龚　邹朝濬印　三长两短之斋（附款）

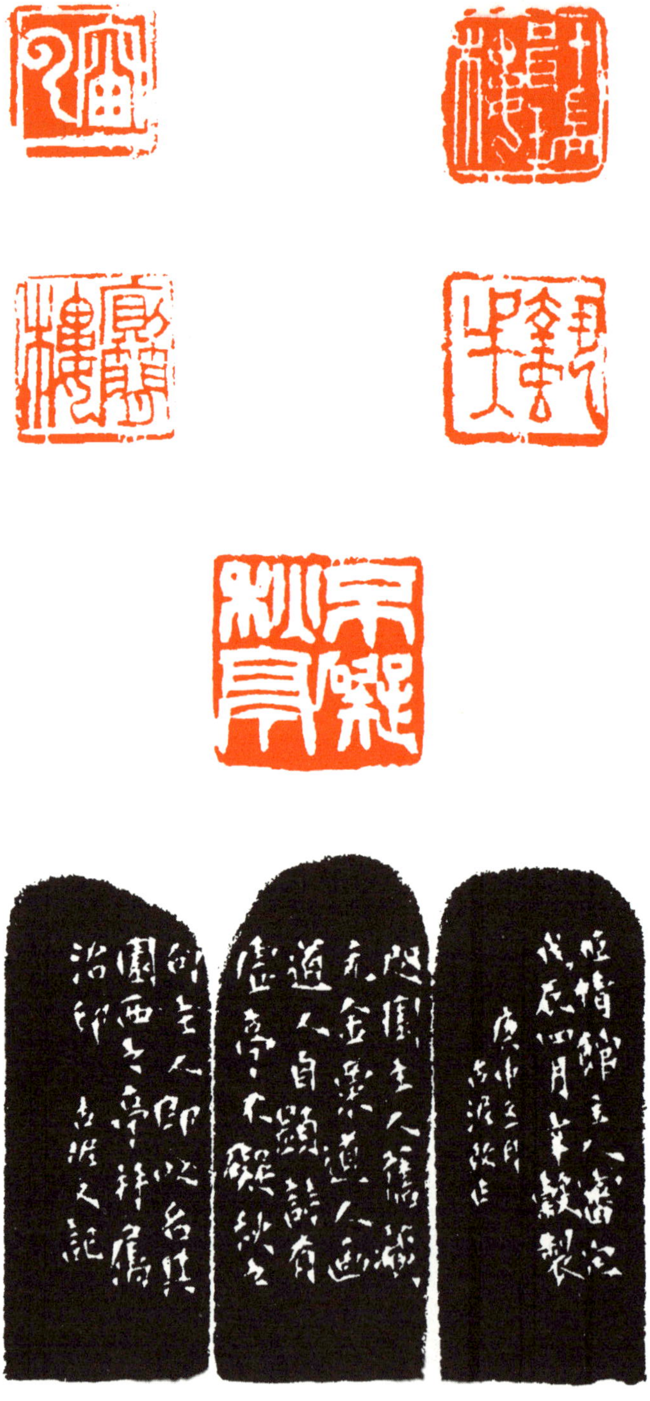

辑瑞楼　蜇昊

宙云　厕简楼　不碍秋亭（附款）

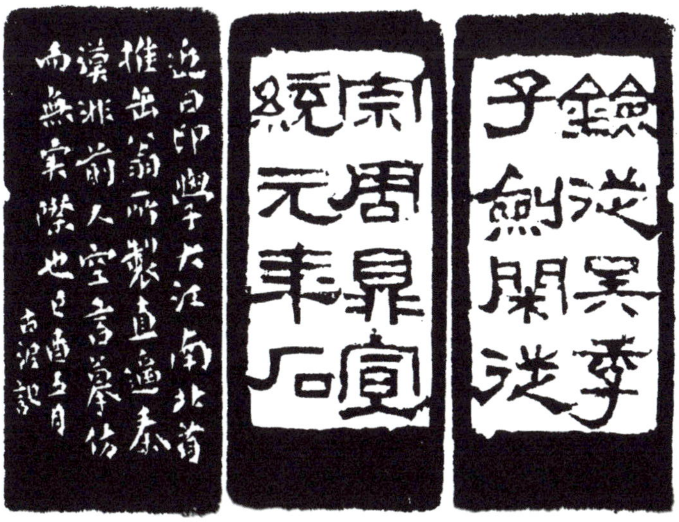

老学盦金石记 虞山丁荫
癸亥重游泮宫 雨苍 剑闲（附款）

易孺

易孺（一八七四—一九四一），原名延熹，字季复，号大厂（庵）、大厂居士、韦斋、魏斋、孺斋，鹤山老人等，广东鹤山人。早年肄业于广雅书院，又东渡日本留学，后居北京、上海。先后在北平美专、铸印局、上海音乐学院任职。在诗文、音律、书画篆刻及禅学方面均有较高造诣。他的书法，篆、隶、行、草均擅长，楷书直追北魏造像石刻。他的篆刻虽也师法赵之谦、吴昌硕，然得力最多的还是黄士陵，并能博采众长，遗貌取神。传说他喜以钝刀入印，不事修饰。其足迹遍及南北，故作品流传也广。有《双清池馆集》《玦亭印谱》《大厂画集》《大厂词稿》《孺斋自刻印存》等。

大厂（盦）居士孺 孺之鉨（附款）

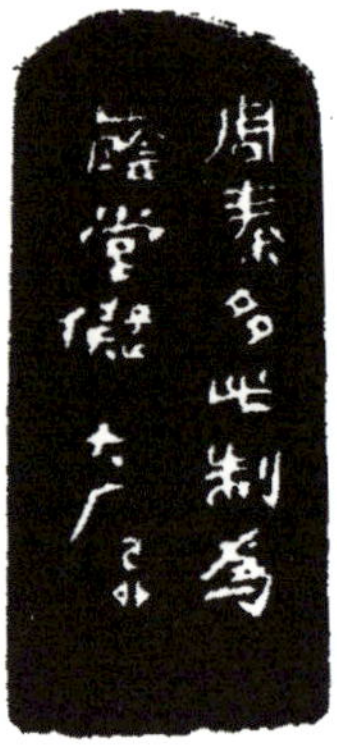

三

易缄　沙亭（附款）

汉双环室　展堂词翰　延福乡人鉥　汉民之鉥

向邦　不匮室默鉨　明水村舍　眇义居士
沛霖长寿（附款）

趙時棢

赵时棡（一八七四—一九四五），原名润祥，字献忱，号纫苌，又字纫长，后改名时棡，字叔孺，晚号二弩老人等，浙江鄞县人。五岁起就爱好书画，尤以画马最佳，被称为神童。

赵时棡是个全才，山水、人物、花卉、骏马无所不精，书法篆刻上也自有面目，宋元圆朱文一路的造诣尤深。他又是一位卓越的教育家，弟子五十多人，现代艺坛上著名的书画篆刻家如陈巨来、叶潞渊、方介堪、张鲁庵、徐邦达等都是他的学生。

其书法取法赵孟頫、赵之谦，而以前者学得最久。篆刻遍学各家，兼浙、皖两派之长，力追秦汉，学赵之谦所得尤多。对宋元圆朱文的研究发展有重要贡献。著作有《二弩精舍印谱》《汉印分韵补》等。

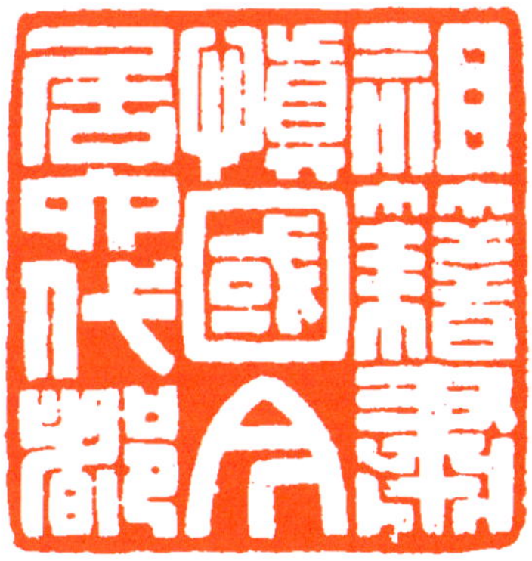

净意斋　叔孺藏梁玉像题名记（附款）　祖籍肃慎国　今居六代都

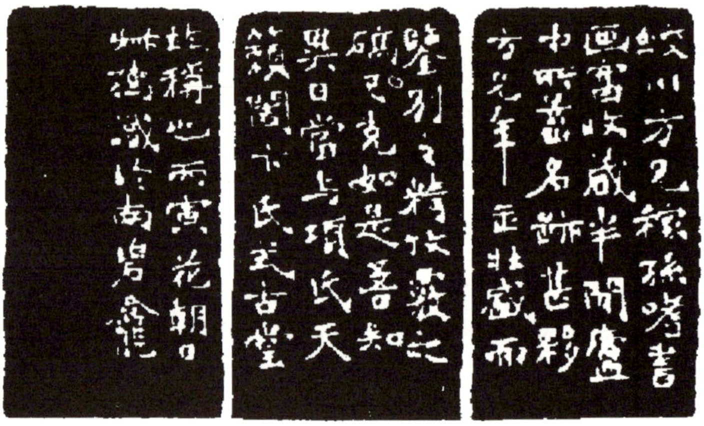

蛟川方氏半闲庐珍藏书画之印（附款）
安和室 锡山秦文锦印 鹤壶精舍 寒金斋

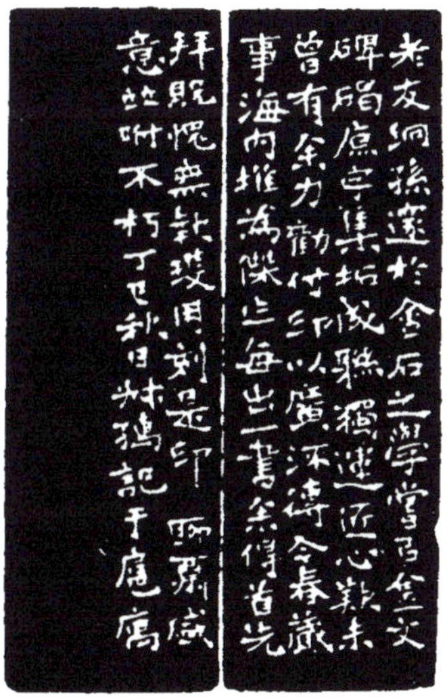

龙田乡人　四明周氏宝藏三代器　锡山秦絅孙集古文字记（附款）

烟云供养　序文铭心之品　鲁盦　毗陵汤涤定之

童大年

童大年（一八七四—一九五五），原名暠，字心安，又字醒盦，亦作心庵、恂谙，号性涵、惺堪、心龛，因排行第五，其父字松君，故又号金鳌十二峰松下第五童子，上海市崇明人。西泠印社社员。抗日战争后，移居上海沪西。书画、篆刻均能。精研六书，能作四体书；画以花卉为主，秀逸有致；篆刻以汉为宗，兼及浙、邓各派，喜用大篆入印。其作品有《依古庐篆痕》《童子雕篆》等。

朗盦所得铭心绝品　故人千里外　丁卯再生　桐荫书屋

麋父 竹远堂藏 扫帚轩 周兆元
白厂书画金石 大年（附款）

心安是药更无方 逸气横云 心安身自安（附款）
大年千万 味退道人 心龕 晚归戏墨

吳涵

吴涵（一八七六—一九二七），字子茹，号藏龛，别署藏戡，因诞于湖州，故有湖儿、壶儿、别壶等乳名。浙江安吉人，为吴昌硕先生次子。藏龛鲤庭传业，通古籀六书，善诗古文辞，复精鉴别古器物。曾任名画家兼富商王一亭秘书。一九二七年夏，偶感小疾，遂然逝世，时年仅五十二岁。家人恐缶翁悲痛，遂谎告有事赴日云。藏龛遗刻，传世不甚多，日本同道极珍其作。有《古田家印存》传世，为西泠印社早期社员。

涵中（附款）　吴迈之印（附款）

千里之路不可扶以绳　郁勃纵横如古隶

樾荫草庐 家有榅书（附款） 梓园（附款）

陳衡恪

陈衡恪（一八七六—一九二三），字师曾，号槐堂，别号朽道人等，江西义宁人。他的父亲陈三立，字伯严，世称散原先生，是清末著名诗人。生活在这样的一个家庭里，陈师曾从小就受到良好的艺术熏陶。他六岁学画，十岁时，在写大字、诗文方面已显露才华。一九〇三年赴日本留学，入高等师范学博物学。归国后曾任北洋政府教育部编审，长期从事美术教育。一九二三年夏，他从北京冒暑赶回南京服侍病重的继母，继母病故后一月，他也由于悲哀过度而发病逝世，年仅四十八岁。陈衡恪在诗文书画方面都有很深的造诣，绘画擅长山水、花卉，所作道释人物最为庄严肃穆。书法宗汉魏六朝，上溯钟鼎、甲骨、石鼓、秦权，喜用狼毫秃颖作书，沉着厚重，苍老刚健。篆刻能得吴昌硕神髓，在学吴派篆刻的印家中，能独具面目。著有《槐堂诗钞》《染仓室印存》《陈师曾先生遗墨》《中国绘画史》等。

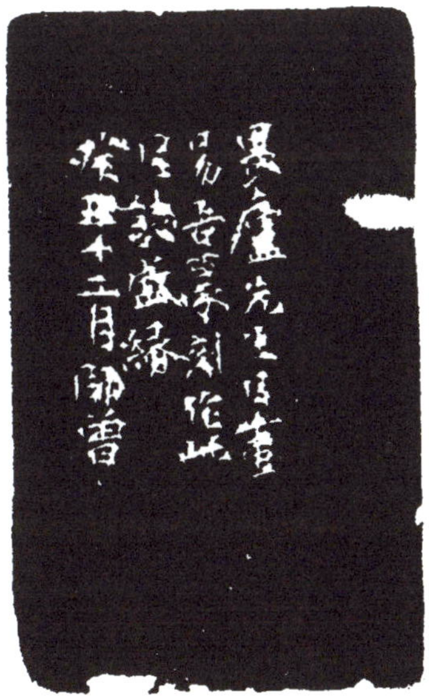

越只青山 吴唯芳草 畏庐（附款）

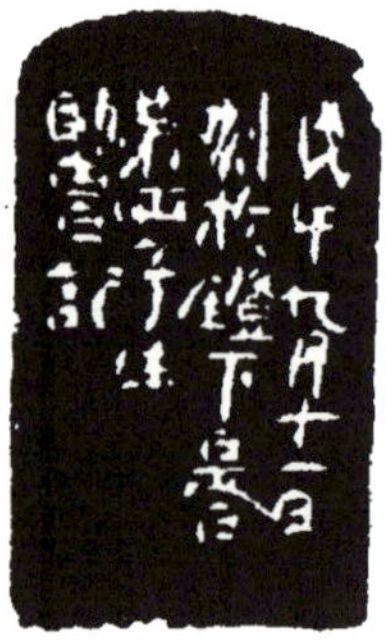

拙斋　师曾之友　守之以愚　独树老夫家

陈衡恪　师曾　一生负气　壶中天（附款）

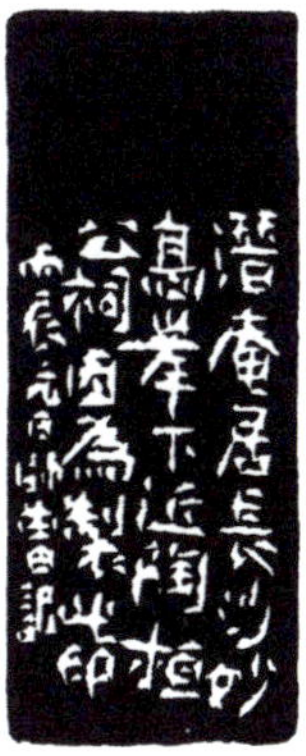

近匋居（附款） 无娱为欢 槐堂

朽者 无边花盦 勇猛精进 守骏莫若跛

丁輔之

丁辅之（一八七九—一九四九），原名仁友，改名仁，字辅之，号鹤庐、守寒巢主，杭州『八千卷楼』丁氏之后人。精鉴别，富收藏，能书擅画，亦工篆刻。他篆刻用刀劲健，布局安详，得浙派之趣。对甲骨文极有研究，喜书写甲骨文集联。一九〇四年与叶为铭、王福厂、吴石潜四人联名发起组织『保存金石、研究印术』为宗旨的西泠印社，公推金石书画家吴昌硕为社长。毕生以极大的精力、财力收集珍藏西泠八家的印章作品。尽管印章昂贵，每闻有出让者，必亲临之，以家中珍藏的古董字画交换，甚至变卖家中财物购取，然后编选成谱。有《西泠八家印选》《鹤庐印存》等行世，还参加了大型丛书《四部备要》的出版工作。

大俊私印　简园珍藏　幽意闲情（附款）

鹤庐 止安 宗成之鉨 王维季（附款）

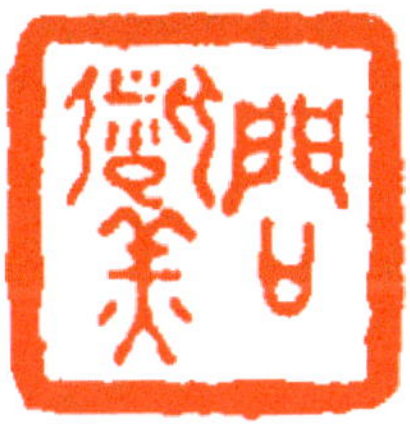
問羹

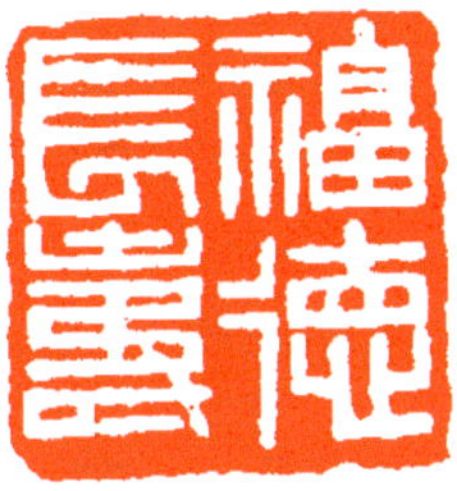
福德長壽

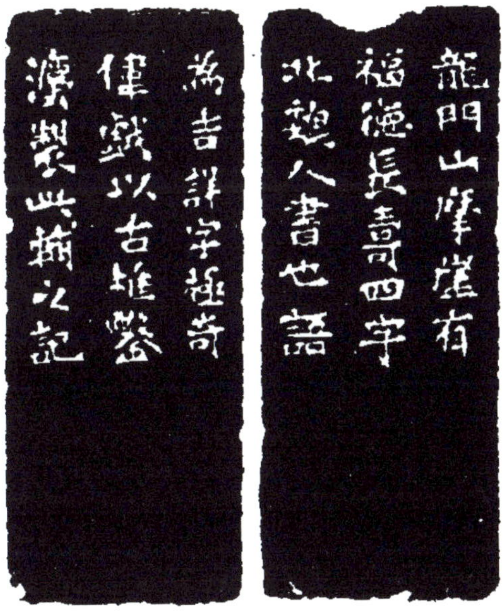
龍門山摩崖有
福德長壽四字
北魏人書也語
為吉祥字極奇

问羹 福德长寿（附款）

王禔

王禔（一八八〇—一九六〇），原名寿祺，字维季，号福厂（庵），自称印佣，晚号持默老人等，浙江杭州人。出身书香门第，故在旧学方面很有素养。早年能绘画，中年后专工书法篆刻。由于他博学多闻，曾应当时故宫博物院马衡院长之请，被聘为顾问，对清宫所藏金石书画等文物参与鉴定评审，所见日多，艺事日进。其书法专工篆隶，浑厚雅隽，最为人称道。篆刻初师浙派，后兼及皖派及吴熙载、赵之谦诸家，所作严谨工稳，有《麋砚斋印存》《说文部首》等行世。光绪甲辰年（一九〇四），他与好友丁辅之、吴石潜、叶为铭三位先生发起在杭州创办西泠印社，继承发扬祖国的金石篆刻艺术。筹集物资，规划筑园，立石勒像，苦心经营历九年之久，并公推艺术大师吴昌硕为第一任社长，一时西泠印社影响遍及海内外，甚至有日本篆刻家慕名前来入社。

秦康祥印（附款）

彦冲（附款）

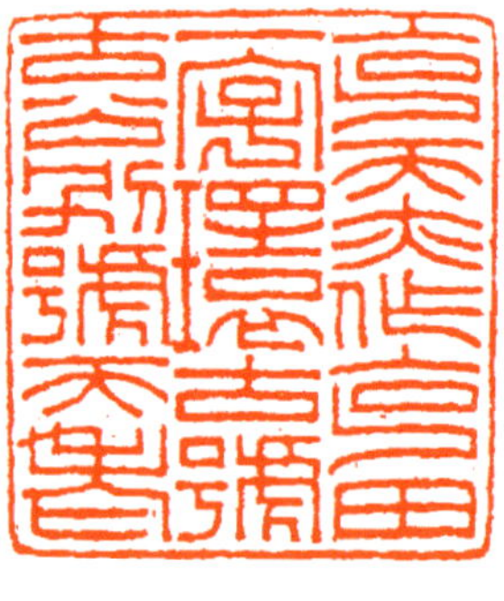

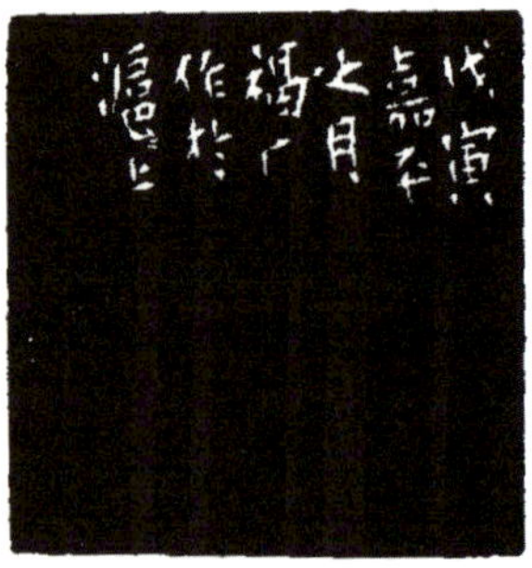

彦冲所藏碑帖　带燥方润　寄情于山水松竹之间　我生疏懒无所能

世朴画松　鄞秦彦冲所藏竹刻　克天亦作克田一字环古号古公别号天老（附款）

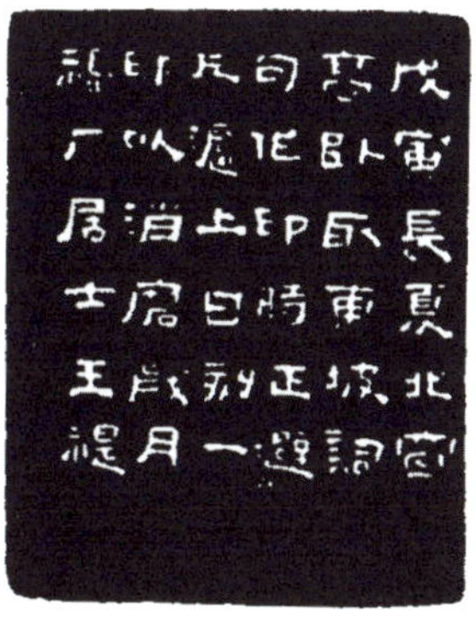

鄞县秦氏睿识阁藏书　非究于篆无由得隶　我欲乘风归去又恐琼楼玉宇高处不胜寒（附款）

蝴蝶不传千里梦　惯迟作答爱书来　我书意造本无法　望云惭高鸟 临水愧游鱼

李尹桑

李尹桑（一八八二—一九四五），字茗柯，号鉨斋，又号壶父等，江苏吴县人，客寓广州，是黄士陵的学生。他书画、篆刻兼擅。画以花卉为主，书法工篆、隶书。篆刻作品基本取法老师黄士陵的作风，只是不及老师刻得平直、生辣、错落。著作有《大同石佛龛印存》等。

宣灵残瓦之室（附款） 孙文之鉩

天马信鉨（附款） 赤董赵氏之鉨 先黄石斋一日后唐伯虎四日生

越园（附款）

高仑之鉩　寒金斋藏　展堂集曹景完碑字（附款）

古泉山斋（附款）冯衍锷（附款）

鄧爾雅

邓尔雅（一八八四—一九五四），原名溥，后改名万岁，字季雨，又字尔疋，广东东莞人。曾留学日本攻读美术，归国后在北京任职，不久辞职回广东。作为一个广东人，他能讲一口流利的北京话，颇为少见。他家中收藏金石书画甚富，故精于鉴赏考证，并致力于文字训诂之学。他最服膺黄士陵，对黄士陵的篆刻在广东的发展，起了很大的作用。他在南方印坛有一定的影响，不管刻古玺、汉印、元押、图案印，还是学邓石如、赵之谦，皆用黄士陵的冲刀法出之。邓尔雅晚年居香港，鬻书治印自给。著有《文字源流》《邓斋笔记》《艺觚草稿》等。

波罗蜜　万千之印　罗浮道人

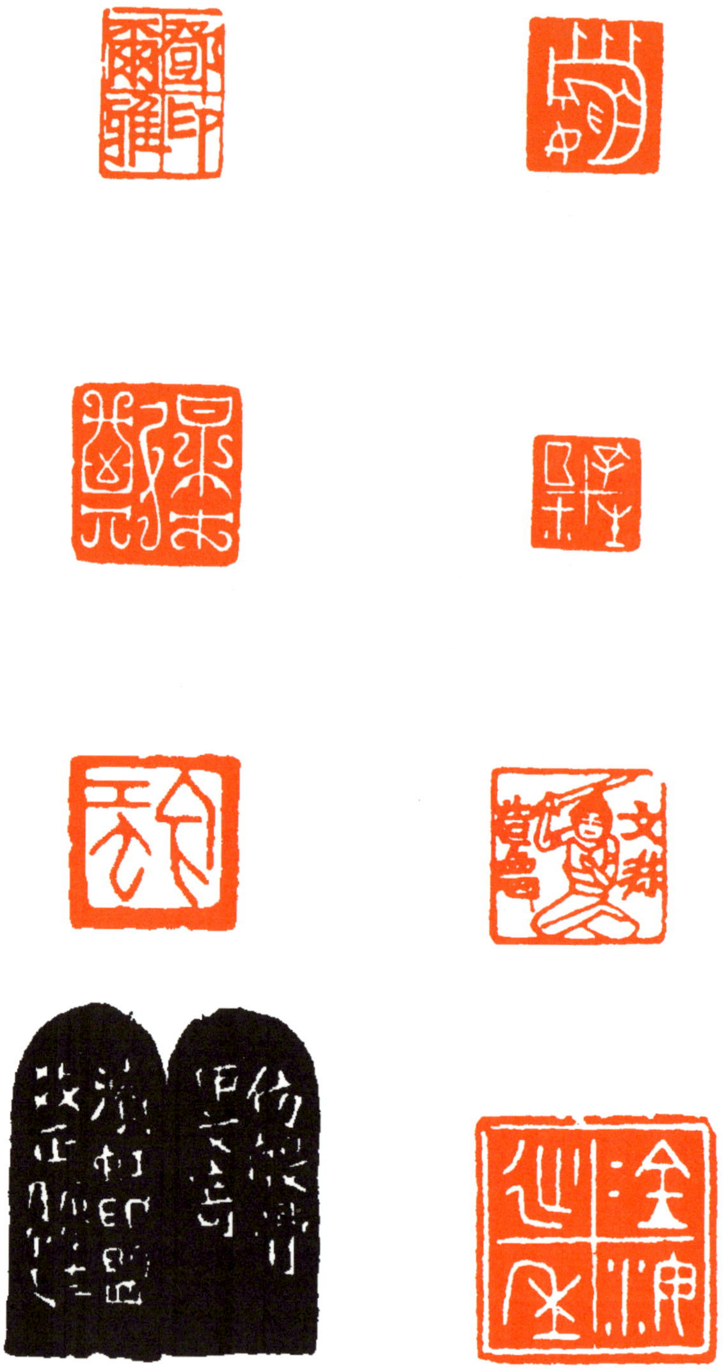

嬴孔生私鉨　文殊造像　金海延年
邓尔雅印　梅在斯　宾虹（附款）

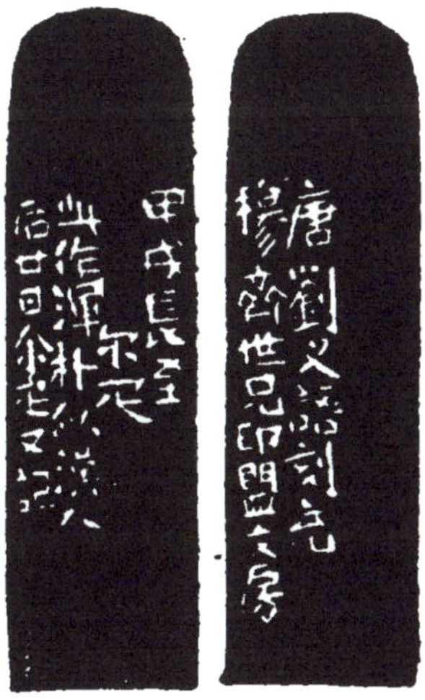

甲戌　卢瑞　不若与刘君为寿（附款）

卢氏　佛像　文尽美人名士　大好江山

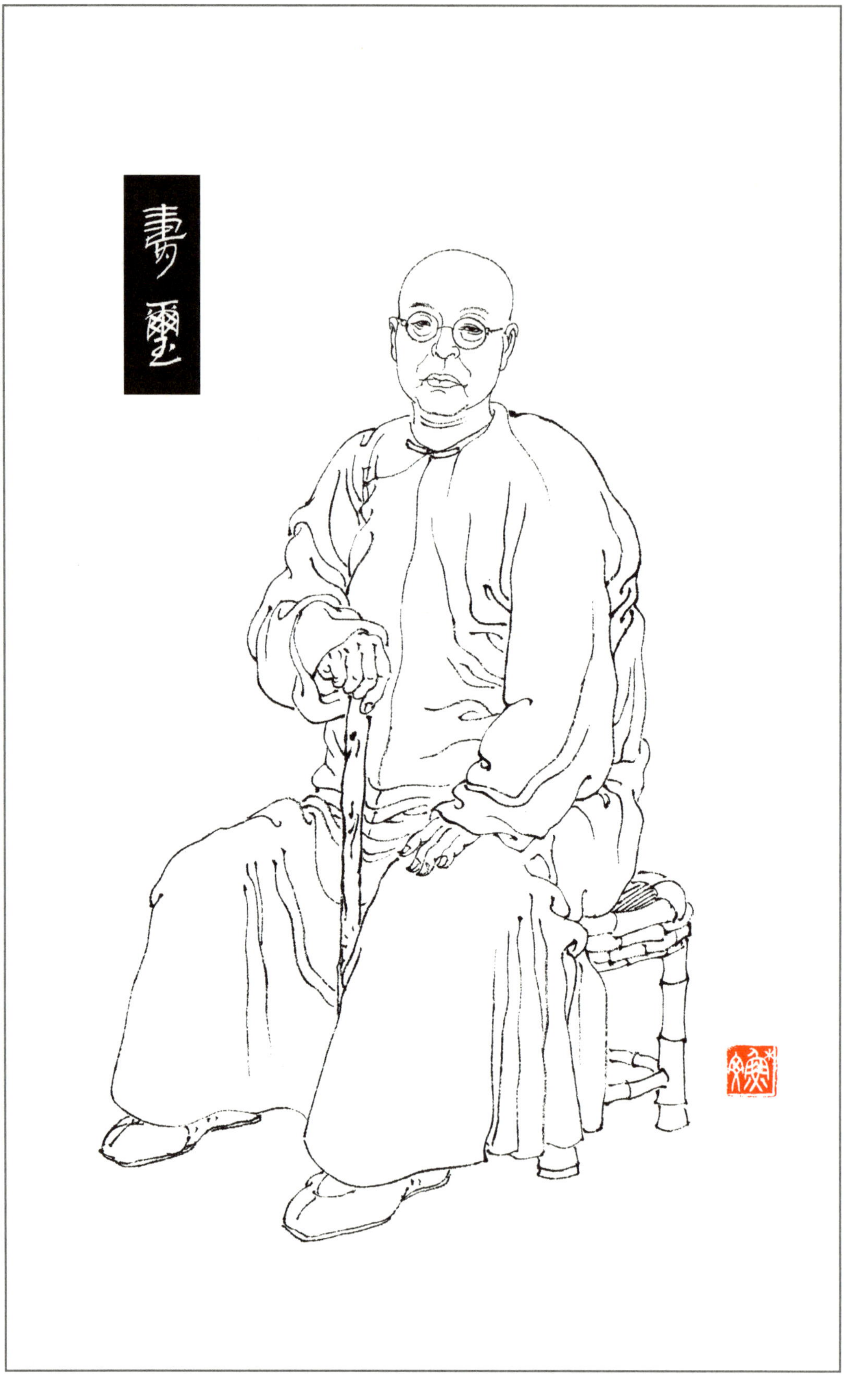
壽璽

寿玺（一八八五—一九五〇），一作寿鉨，字石工，石尊者，浙江绍兴人，久居北京。自称『越人燕客』，曾参加南社，与诗人柳亚子为挚友。早年心仪赵之谦、吴昌硕，故取赵之二金蝶堂、吴之饭青芜室各一字，以名其居曰『蝶芜斋』，可见渊源所自。中年以后又喜效黄牧甫法，所作多字朱文印，结构之疏密，以及用刀冲切之法，俱得力于此，惟挺拔略逊耳。晚岁上窥周秦，俯视汉魏，融会赵、吴、黄诸家意趣，以精丽秀美为尚。存世有《蝶芜斋印稿》《铸梦庐篆刻学》《篆刻学讲义》《珏庵词》《重玄琐记》《蝶芜斋自制印逐年存稿》。

悲凤　不爱江海之珠　石尊者（附款）

童罗篷清商（附款） 金莲花馆 不食鱼斋（附款）

刻画始信天有工 拙重大 酒旗戏鼓甚处市（附款）

通微之鉨　珏闇吉金乐石　谁初妄凿妍与丑（附款）
园丁长年　寿石工金石寿　燕客　土厚水深辞气重

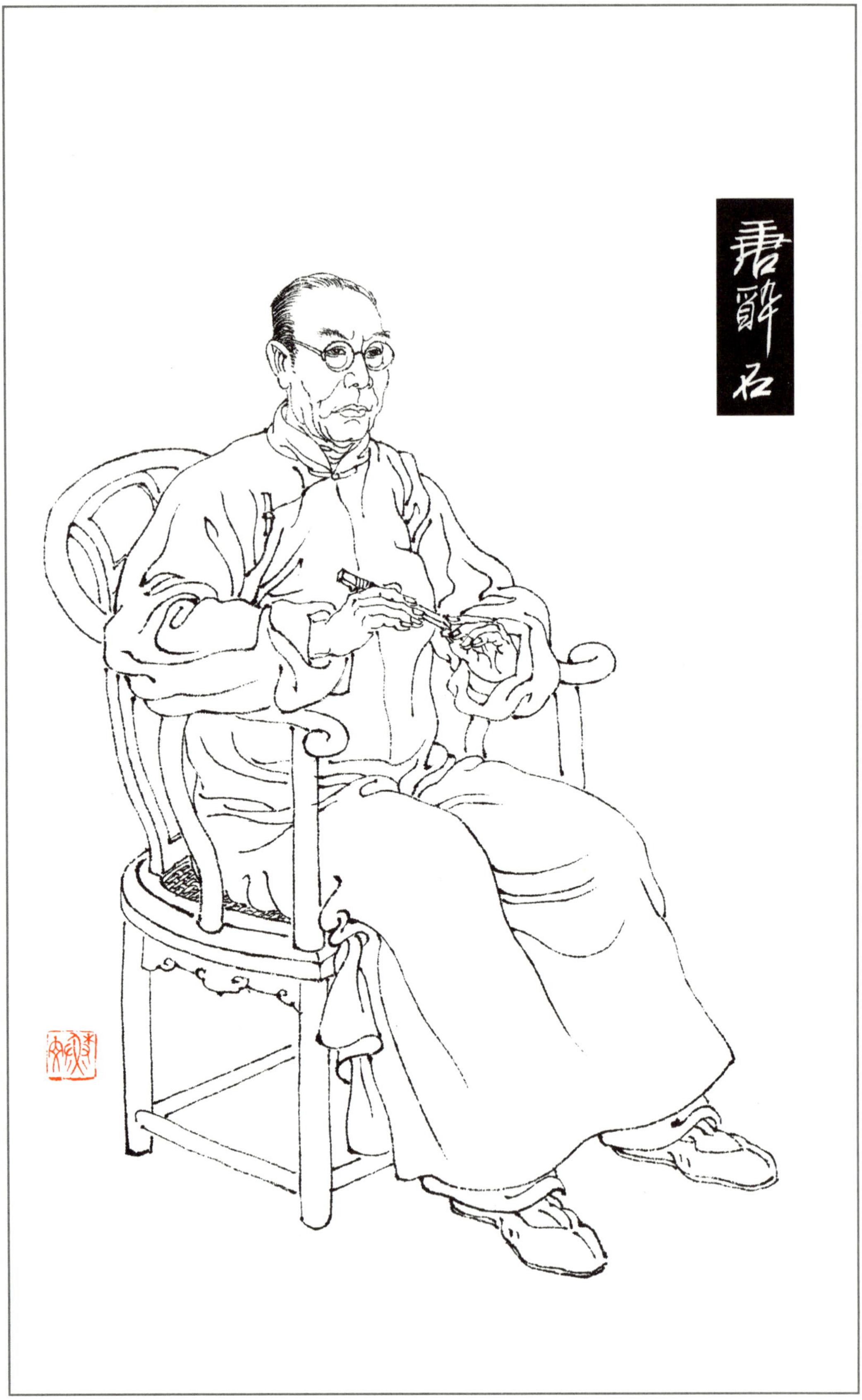
壽鉨石

唐醉石（一八八六—一九六九），名源邺，字李侯，号醉龙，别署醉石山农、醉翁，书斋名休景斋、醉石山房，湖南长沙人。自幼父母早逝，随外祖父在杭州谋生。其外祖父为学识渊博的前清翰林，擅长汉隶，尤精于金石书画。唐醉石从小在外祖父的熏陶影响下，与金石书画结下了不解之缘。因他酷爱书法、篆刻，不仅自号醉石，还以醉石山房为斋名。一九〇四年左右，丁辅之、王福厂、吴石潜、叶为铭在杭州发起创建西泠印社时，年仅十九岁的唐醉石也热心参加建社活动，由王福厂介绍加入了印社，并得到其外祖父的支持，将其西湖孤山上的一别墅赠给印社做社址。他后来北上在故宫担任文物鉴定的工作，常得以与当时的一些学者名流交流探讨艺术。建国后担任湖北省文物管理委员会主任之职，并创办湖北省第一个书法篆刻组织——东湖印社。

唐醉石的篆刻受浙派影响较大，并以汉印中的铸印为宗，规矩而不板滞，严谨而生动。他曾经说过：『世人皆以汉铜印斑驳为美。其实汉铜印的妙处在于浑厚，看似平平，而内美其中，韵味无穷。年轻人血气方刚，病在外露，我年轻时也是霸悍过人，慢慢才领悟到大巧若拙、大智若愚的道理。』可惜，他只有极少数的文章行于世。辑有《醉石山农印稿》《唐醉石印存》等。

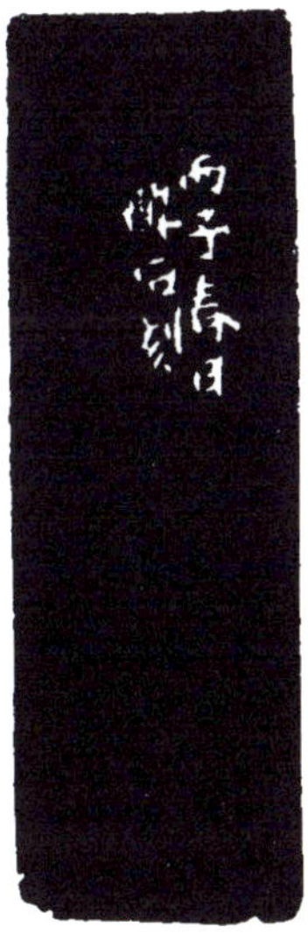

醉石分书　节厂印泥（附款）

杖酒祓清愁 花销英气 立庵书画 沧浪一舸 绾秋樹
以写吾意 万石三斗吉金富翁 画眉深浅入时无（附款）

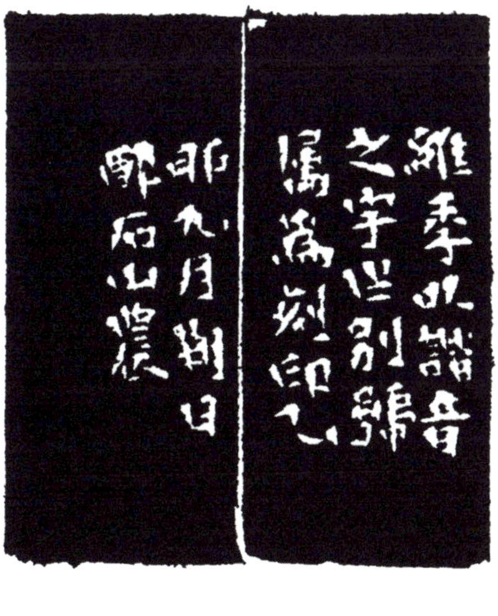

醉石写吉金文字 春蚓秋蛇随意写

傥年七十犹强健 尚得闲行十五春 长沙唐源邺印信长寿 微几（附款）

楊仲子

杨仲子（一八八八—一九六二），别号一粟道人，江苏南京人。清末在格致书院毕业后，曾留学法国及瑞士，学习化学与音乐，成为著名音乐家。学成回国后，先后在北京大学、北平艺术学院、重庆女子师范学院、南京戏剧专科学校等处教授音乐。建国后任南京市文物保管委员会主任。

他是个多才多艺的艺术家，除了音乐，还长于文学及篆刻，喜以金文入印，章法错落有致，颇得齐白石的称道，著名画家徐悲鸿所用印章，大多出自其手。但其刀法较木，致气韵不能生动。作品集有《漂泊西南印集》《怀沙集》等，惜未出版。

大司乐鉨　哀故都之日远　漂泊西南

相见时难别亦难（附款） 学然后知不足

素师同乡 颂父同生日（附款）

惜春 乐夫天命复奚疑

簡經綸

简经纶（一八八八—一九五〇），字琴斋，别署琴石、一琴，斋名千石楼，广东番禺人。数十年致力于书法篆刻，对甲骨、金文、汉隶、章草、六朝碑刻、玺印、元押等无不精熟，并致力于书刻之间的相互渗透提高。以宿羊毫及麻笔书写其擅长的甲骨文，甚得古拙之趣。但其最为当时人及后人称道的是以甲骨文入印及作款。

他在上海居留甚久，与易大厂、吴湖帆、郑午昌、马公愚、溥心畬、张大千等时有往来，兴到时也能作松石山水。抗日战争胜利后移居香港以课徒为生。一九五〇年病逝于香港。著有《琴斋印留》《甲骨文集古诗联》《琴斋书画印集》《千石楼印识》（此书不收篆刻作品，仅在石上以刀代笔，临摹各类书体，实为熔书法篆刻为一炉的创新之作）。

集百家言　车马一东西　颐居千万　相思得志

知时无止　琴斋　经纶之鉨　仑大吉昌

依乎中庸　山中人唯知自乐　天下事不在多言　深入无边（附款）

经纶　物以有为于己　至乎以弗解解之（附款）

巨来千万　游乎万物之祖　翁山后人　以天下之美为尽在己

談月色

谈月色（女）（一八九一—一九七六），原名古溶，又名溶溶、月色。因排行十，人称谈十娘，晚号珠江老人，广东顺德人。幼时曾在广州檀度禅林为尼。早年参加南社。以篆刻、画梅、瘦金书为人称道。一九二〇年由程大璋为媒与蔡哲夫结婚，以后即在蔡的指导下学习篆刻，并又得程大璋、李铁夫、陈达夫、黄宾虹、王福厂等人悉心指导。一九三六年秋，蔡、谈在南京办『夫妇书画篆刻展览』盛况空前。民国印坛，女子治印，有如此造诣者，莫过谈月色。谈氏自中年后，尤喜以『瘦金书』入印，实开风气之先。一九四九年后，谈氏举办『谈月色书画篆刻展览』三次，曾被聘为江苏省文史馆馆员，第三、四届全国妇女代表，江苏省政协委员等职。作品有《月色印谱》等。

壶帝　虎鼓　甲戌九月廿七日哲夫月色访得百花冢孟阳题字

道量四十后作　书禅　南京图书馆藏　俞寿田八十岁后词翰记
马玄　同梦笔生花馆　黄宾虹（附款）

仪汉斋 龙裕钧 蝶芜斋（附款）
景梅龛 吴兴王震 海浪天风琴馆 龙沐勋印

高大壮

乔大壮（一八九二—一九四八），名曾劬，字大壮，别署壮殹，波外翁，四川华阳（今双流）人。精通诸子百家，有很深厚的文学修养，对金石、碑刻也素有研究。篆刻并无师承，初师皖、浙两派，三十岁以后潜心学习黄士陵平正劲挺的作风，在取资广博、章法结构、冲刀刻法方面都受到黄士陵的极大影响，故而他的篆刻作品也有工整稳健的面目，喜以大篆文字入印。他平生不爱刻名章而爱刻闲章，所选文句完全可以表达他的思想、心境和意趣，这是与他具有深湛的文学修养以及他重视篆刻的艺术价值分不开的。著作有《波外楼诗》《波外乐章》，友人集其篆刻作品辑为《乔大壮印蜕》二卷。

迈宜堂　吴兆璜字稚鹤　须髯如戟　圜方自适

湘乡曾氏　忍墨书堂　潘伯鹰印　玄隐庐

周伯敏藏书　树人六十以后作　爱晏平仲程婴与之同名（附款）

尹默　沈尹默印　潘君（附款）

始知真放在精微　崇此简易　人间可哀　履川金石文字

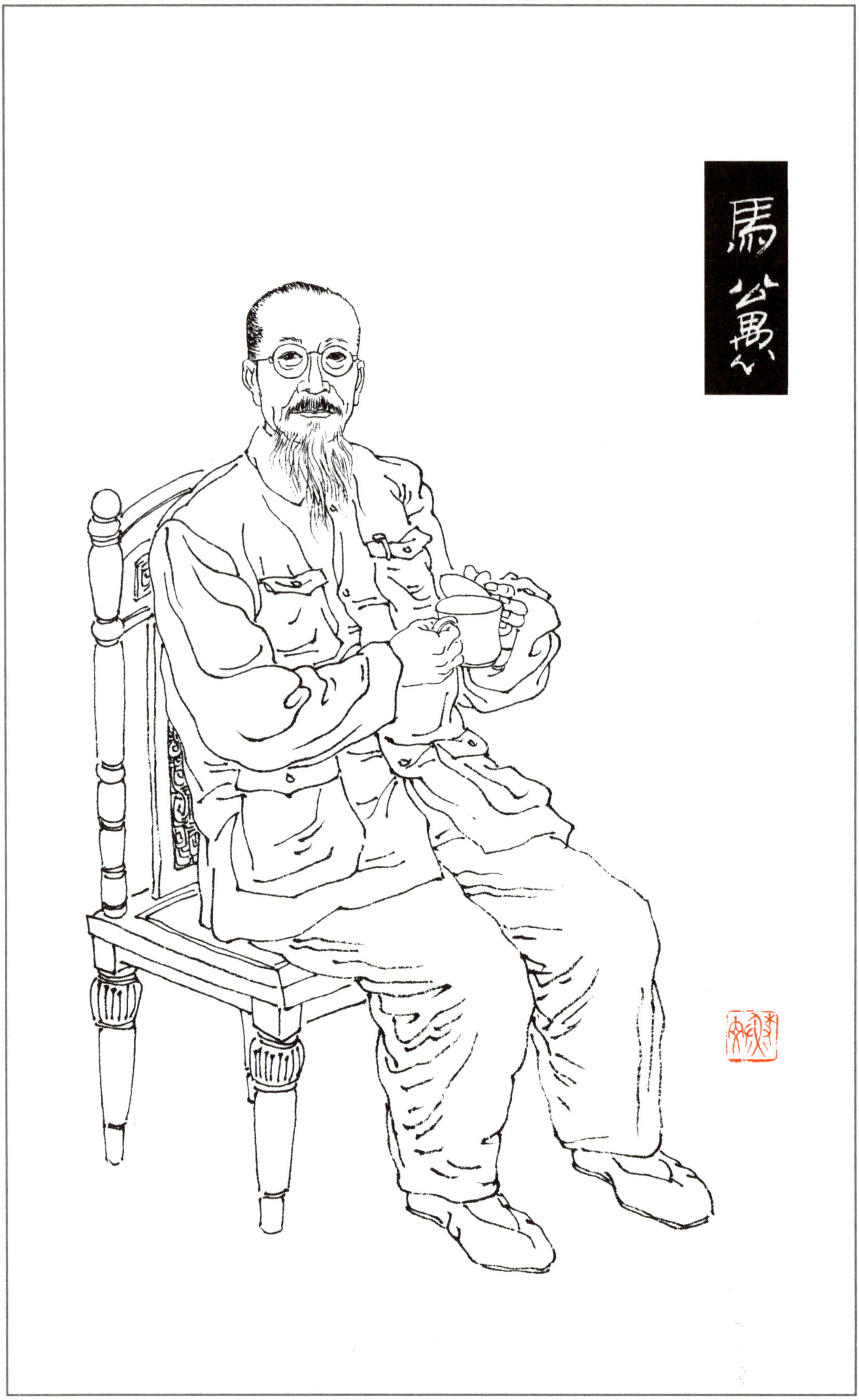
馬公愚

马公愚（一八九三—一九六九），原名范，字公愚，号冷翁，斋名耕石簃，别署耕石簃主、二钟居士，浙江永嘉（今温州）人。永嘉马氏自乾嘉以来，以艺事文学驰誉海内，因而他曾自刻『书画传家二百年』一印。幼承庭训，十五六岁时，其书法在乡里已小有名声，二十岁后从孙诒让游，潜心于金石古文字的研究。加入了西泠印社后，得以与更多的金石篆刻家交往，艺事大进。其真、草、隶、篆无一不精，能以多种笔法临写各种碑帖。篆刻最得小玺与汉印之神韵。

他早年热心美术教育事业，曾创办永嘉启明女学、东瓯美术会及中国美术专科学校。在上海大夏大学、上海美专任教。生前曾任上海美术会、中国画会及中华艺术教育社理事，上海书法篆刻研究会（上海书法家协会前身）会员、上海文史馆馆员、西泠印社社员、上海中国画院画师。著有《书法讲话》《书法史》《公愚印谱》《耕石簃杂著》《耕石簃墨痕》《应用图案》等。

冷翁　曹广顺　漱艺斋（附款）

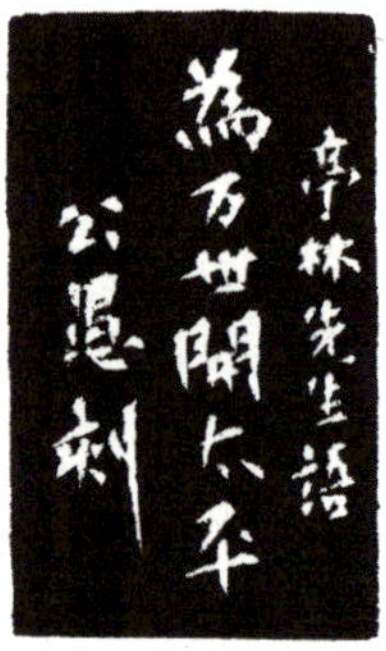

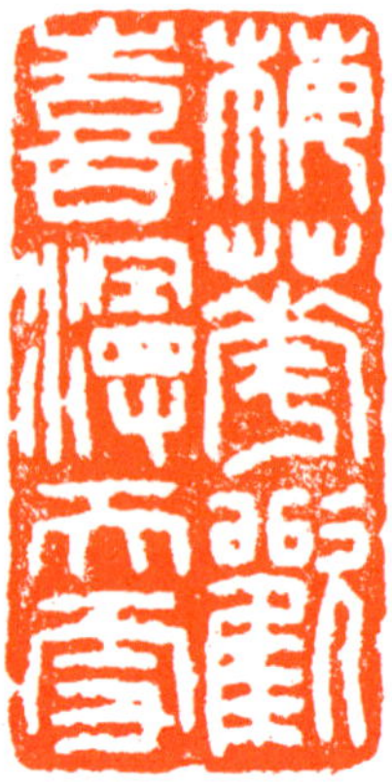

庚寅　越园画记　为万世开泰平（附款）
宜滋审定　梅花欢喜漫天雪（附款）

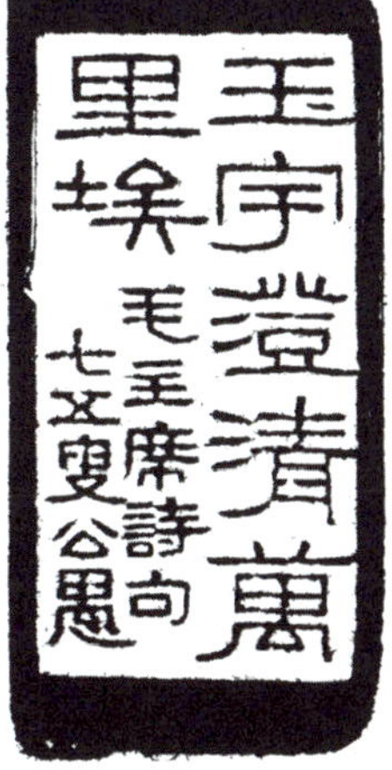

潘嗣曾 蔡元培 做到老学到老 修辞立其诚

耕石簃 玉宇澄清万里埃（附款）

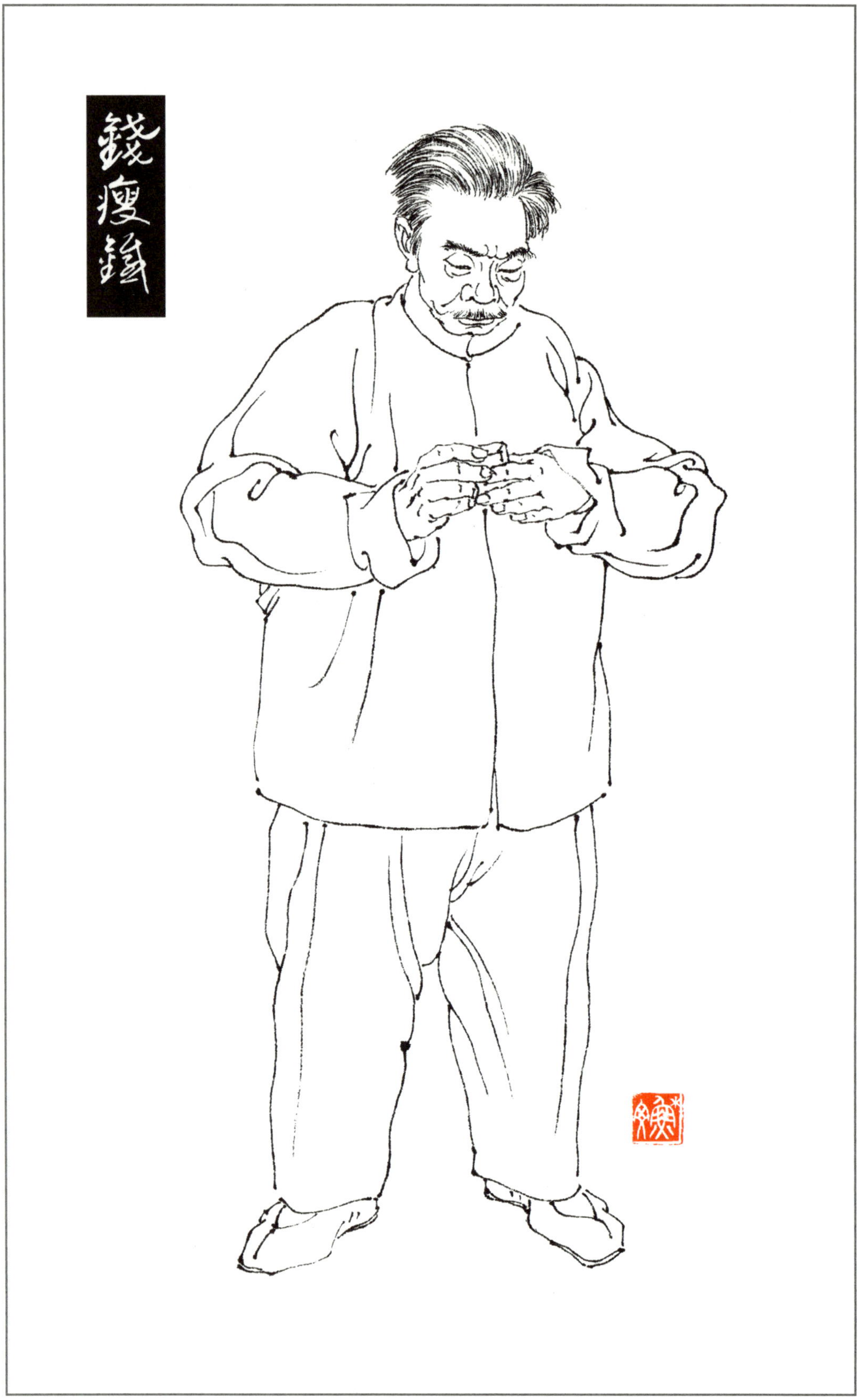
錢瘦鐵

钱瘦铁（一八九七—一九六七），字叔厓，斋馆名很多，有天池龙泓研斋、翦淞阁、芋香宧、峰青馆、梅花书屋、临江观日楼、观帆阁、一席吾庐、煮墨龛、契石堂、宝董室、磅礴轩等，江苏无锡人。二十五岁就任上海美专教授，是现代著名的爱国书画篆刻大家。曾侨居日本，并参与日本《书苑》杂志的创刊活动，出力颇多，名重日本艺界。

钱氏绘画，山水、花卉兼长，有石涛、石溪、青藤遗意。书法中以诏版、石鼓笔意写草篆，沉逸潇洒，面目强烈。隶书深得《石门颂》《张迁碑》的萧疏奇宕，草书学孙过庭，而拙重、凝炼之致过之。篆刻曾得吴昌硕亲授，苍劲拙朴，险峻奇谲，曾与苦铁（吴昌硕）、冰铁（王大炘）同誉为『江南三铁』。其篆刻到了晚期，完全不拘成法，自出新意，其篆刻作品在《瘦铁印存》《钱瘦铁画集》等集子中得以保存部分。

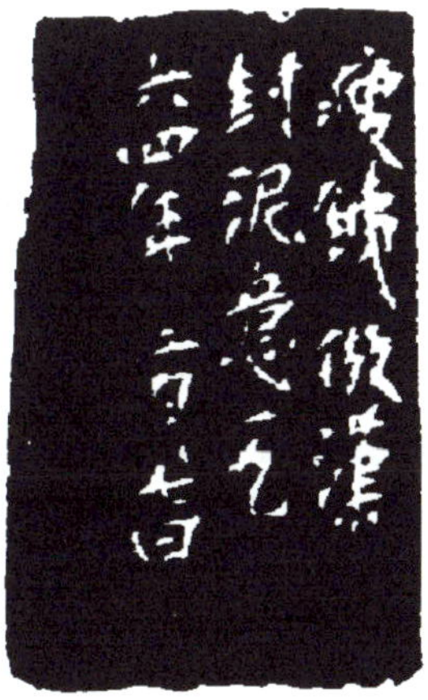

梁谿鸿山　海粟所得铭心绝品　吴一仁印（附款）

学两汉六朝人书法　无限风光在险峰

秋草道人（附款）忘我庐（附款）

楚尾吴头 壮志不随华发改 钱厓印信（附款）

冻死苍蝇未足奇 高天滚滚寒流急 为有牺牲多壮志 王天池印

王个簃

王个簃（一八九七—一九八八），字启之，斋名霜茶阁，江苏海门人。自幼即爱好诗文及书画篆刻，初得乡里李苦李先生发蒙，后蒙李先生及诸宗元先生推介受业于艺术大师吴昌硕，并入吴寓担任昌硕先生孙儿的家庭教师，得以朝夕侍奉大师左右，从而深得吴派艺术之精华，成为吴派的杰出传人。书法以金文、石鼓为基础，有浓厚的金石气息，以篆籀笔法入画，最擅写藤本花果。精于诗文，与昌硕先生常有唱和之作，喜在画作上题诗，一画既成，诗也差不多同时拟好。刻印从汉印入手，继承了昌硕先生乱头粗服、苍浑拙厚的风格。

先生重视艺术教学，曾在新华艺术大学、中华艺术大学、东吴大学、昌明艺专、上海美专等校任教授。生前为上海中国画院副院长、上海美协副主席、西泠印社副社长、上海交通大学美术顾问等。著作有《王个簃画集》《个簃印存》《霜茶阁诗抄》《个簃题画诗选》等。

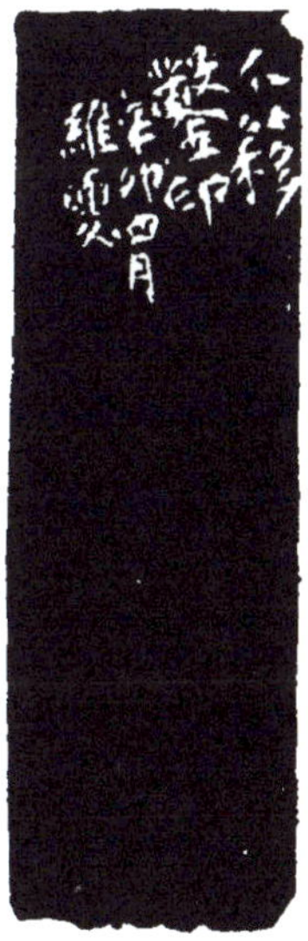

个簃　启之　呼之欲出（附款）

耻若人　西园客　鹤舞　粗服乱头

涵拂斋（附款）　王贤　百岁进军

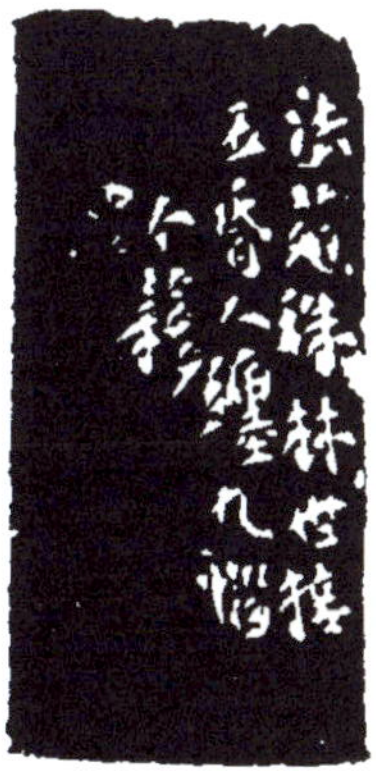

似盦 似闇 大巧若拙（附款）

痴钝 吴迈之印 心道夜禅空 丁治磐印

鄧散木

邓散木（一八九八—一九六三），号粪翁，字钝铁，出生上海。一九六〇年因动脉硬化，截去左腿，因自署一足、夔，斋馆名有厕简楼、三长两短斋（三长者，篆刻、作诗、书法；两短者，绘画、填词，这是散木先生对自己艺术的评价）。实际上，他长于诗文、书刻，也能作画。精于四体书，行草书集二王、张旭、怀素之长，旁参明末清初王觉斯、黄道周两家。隶书曾遍临汉碑。篆书初学《峄山碑》，继杂以钟鼎款识，上溯殷商甲骨文。篆刻初学浙派，后师秦汉玺印。早年得李肃之先生发蒙，壮年又得赵古泥、萧蜕庵两位先生亲授，艺事大进，又从封泥、古陶文、砖文中吸取营养，形成了自己章法多变，雄奇朴茂的风格。一九三一年至一九四九年之间，曾在江南一带连开十二次展览，艺坛瞩目，有书坛的『江南祭酒』之称。《篆刻学》一书就是他治印的经验之谈。辑有《粪翁治印》《三长两短斋印存》《一足印稿》等。

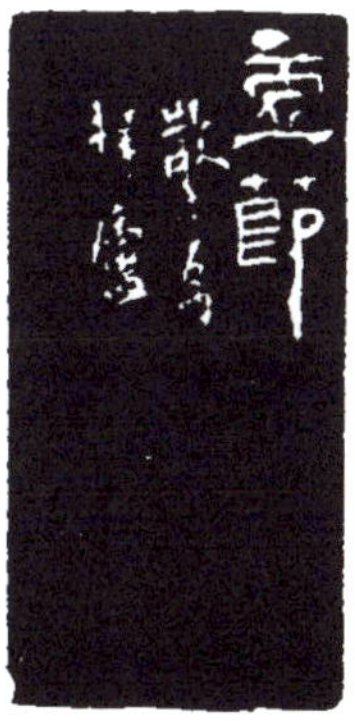

铁面将军章（附款）　虚节（附款）

龚翁篆籀　长生安乐黄铭勋之印　丙戌生人　冰炭满怀抱
墨戏　真趣　遇之自天（附款）

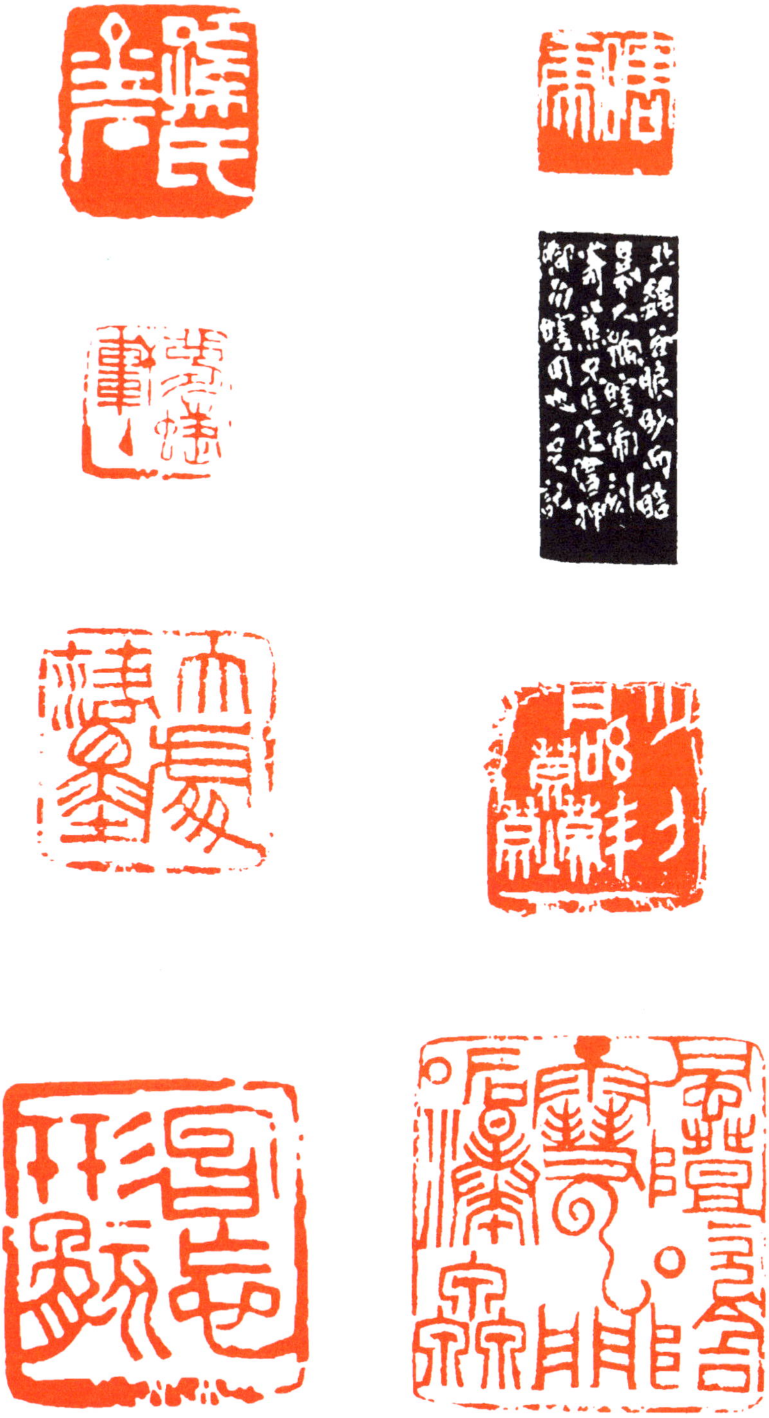

瞎虎（附款） 妙絜同尘 风灯吹阴雪 云门吼瀑泉
孙氏金石 梦蝶轩主 大处落墨 同忘形骸

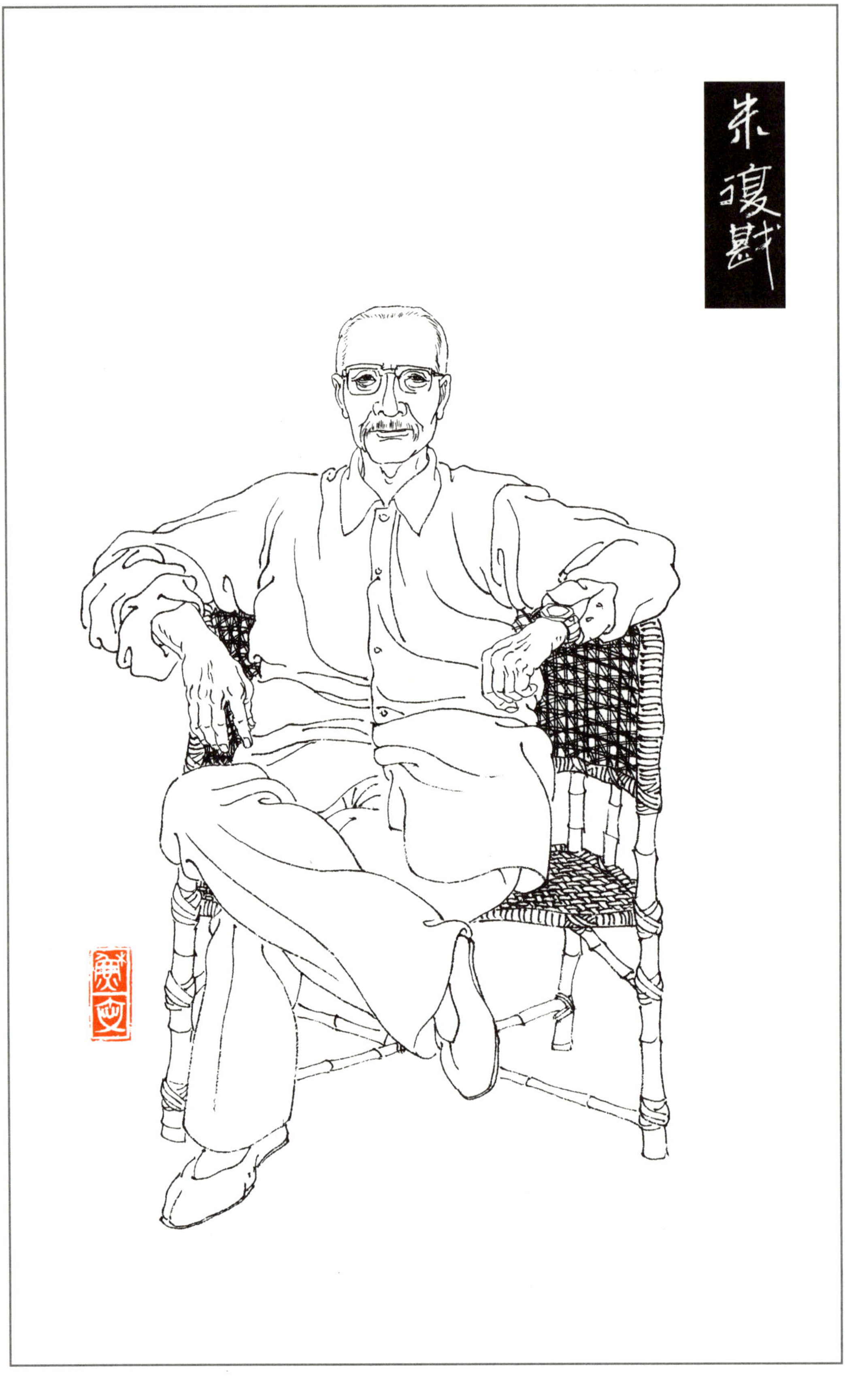
朱復戡

朱复戡（一九〇〇—一九八九），名起，五十岁以前名义方，字百行，号静龛，浙江宁波人。从小即好书法，当年吴昌硕在他常去的怡春堂笺扇庄，看到了他七岁时写的一幅正在装裱中的八尺五言石鼓集联，即大加赞赏，并当面称他为了不起的神童。十几岁时参加以吴昌硕为名誉会长的『题襟馆』，是该社最年轻的会员。十九岁时，经昌硕先生推荐，出版了第一部印谱《静龛印存》。早年留学法国，学成后曾应刘海粟先生之聘，任上海美专教授。建国后从事美术设计工作，因工作而留在山东济南。曾任山东省书法家协会常务理事、西泠印社理事、山东省泰安市政协委员。另著有《复戡印存》《大篆字帖》等。

天顺　汪氏潜龙　汪统之鉨（附款）

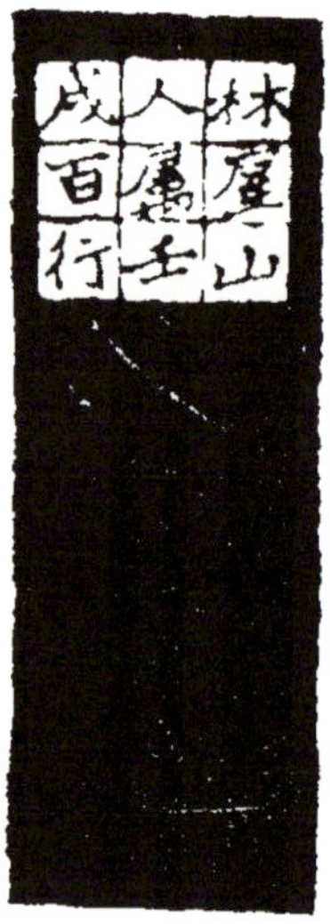

山居图（附款）曾经沧海

静堪金石长寿 静堪 潜龙（附款）

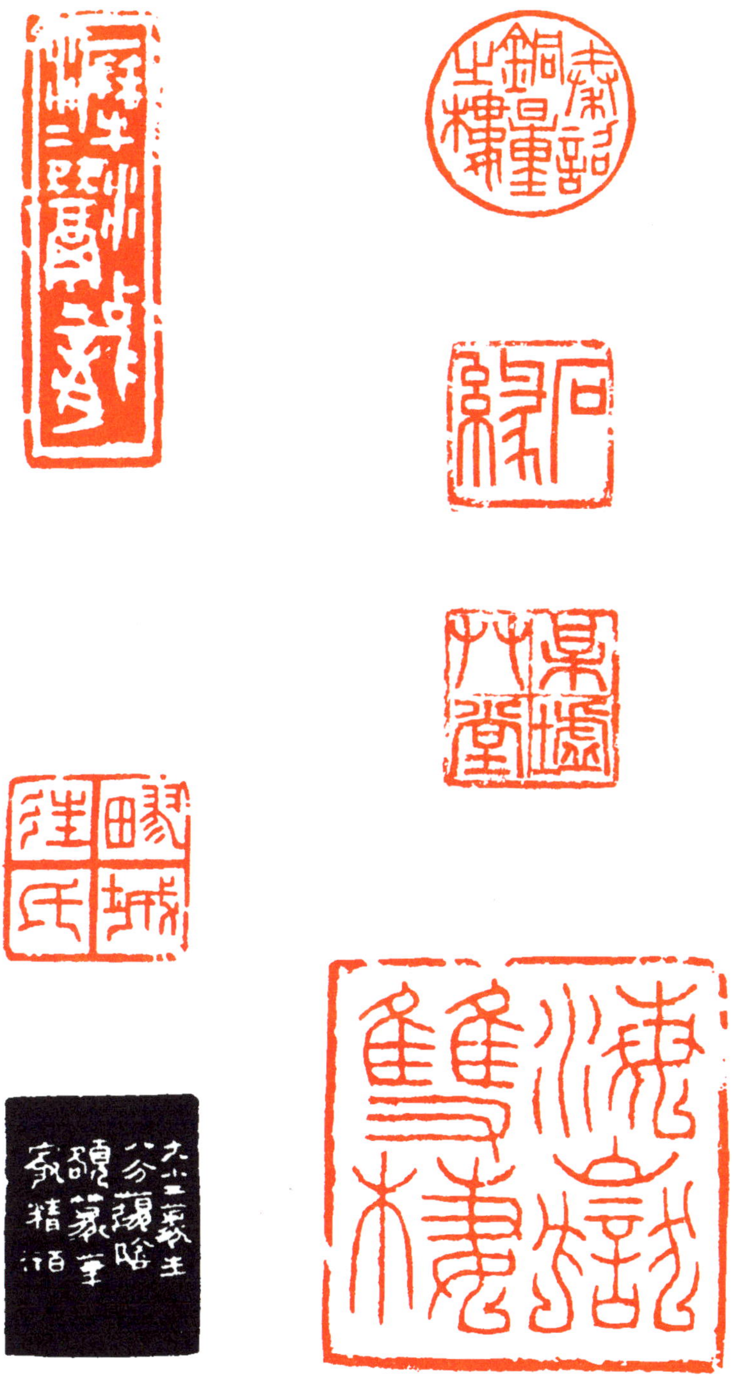

秦诏铜量之楼　石缘　梅墟草堂　海岳双栖
沥水潜龙　瞿城汪氏（附款）

方介堪

方介堪（一九〇一—一九八七），原名文渠，后更名岩，别署介盦，书斋名玉篆楼，浙江永嘉（今温州）人。与陈巽、叶丰同出二弩精舍赵时棡先生门下，为当代最享盛誉的篆刻家之一。十二岁即能写篆书，中年时，据说一天作印二三十方为常事，平生作印两万余纽，阅读研究秦汉及明清诸家印谱五百部。除书法篆刻外，擅长文物鉴赏，曾任故宫博物院编辑，上海美专、新华艺专、中华艺专教授。篆刻初师吴熙载，继而取法秦汉玺印，对汉玉印最有研究，曾搜名印谱中罕见之玉印三百余方，钩摹而辑成《古玉印汇》一书。著作有《玺印文综》《两汉官印考存》《古印文字别异》《古印辨伪》《秦汉封泥拾遗》《介堪论印》《方介堪印选》。

寒柯堂　寒舍　岳重　叔通有金石文字之好

吴趋 云怡散人 西泠丁辅之原名仁字鹤庐印 雪龛所藏大千百画之一
张目寒珍藏书画之记 曼庐 张目寒印（附款）

醉墨淋漓 洪承祓印（附款）

目寒游展 西蜀段七丁 王禔福盦父长寿 张爰私印

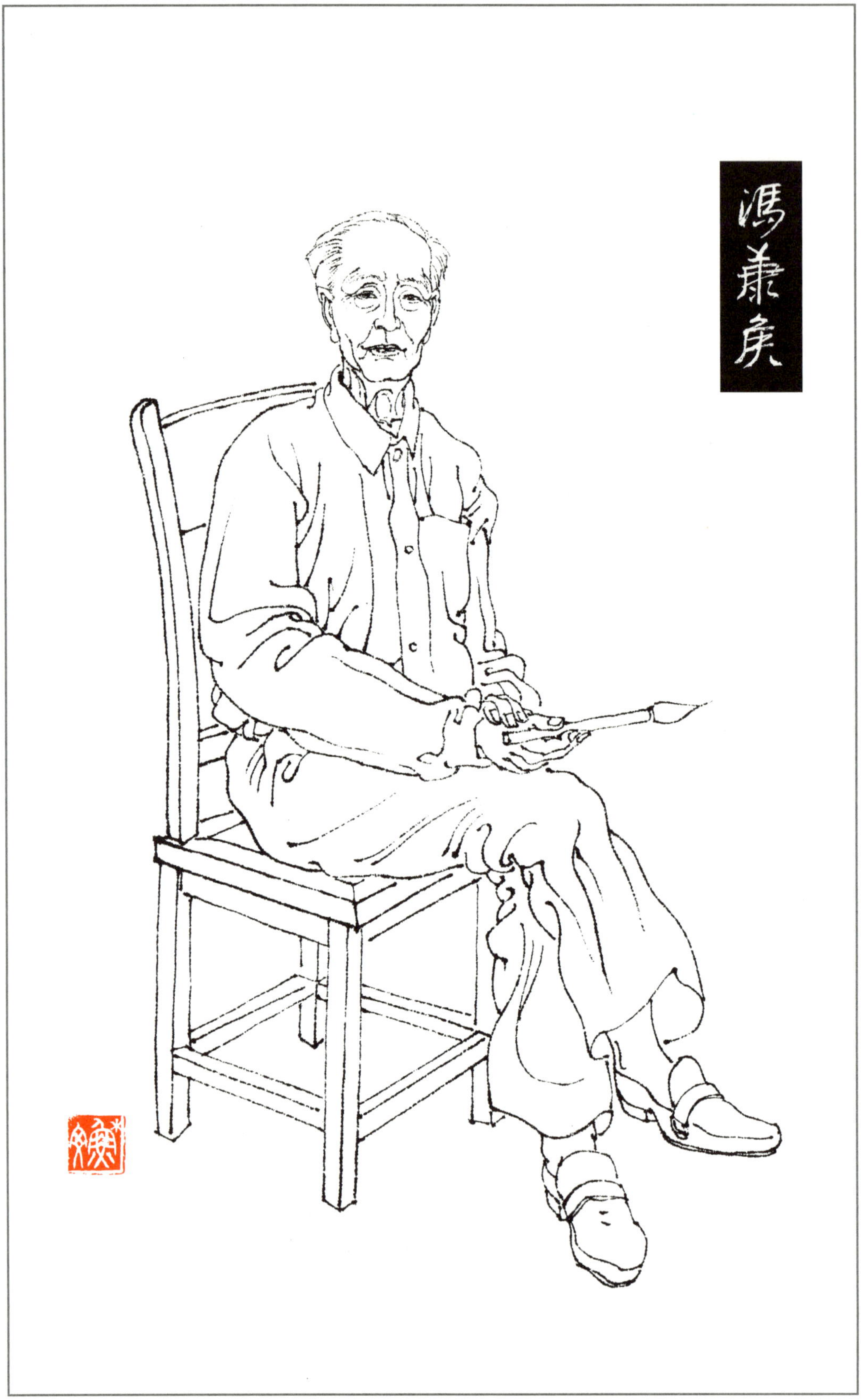
馮康侯

冯康侯（一九〇一—一九八三），名彊，后以字行，别署老冯、老康、康翁、可叵居主人，嗜甜食，因号糖斋，晚年病目，自号眇叟，斋馆名咫尺蓬莱馆、意在斯楼、可叵居，广东番禺人。篆刻风格私淑晚清篆刻大家黄士陵，后师事刘庆嵩习六书及金石、篆刻之学。二十余岁时受聘于北京印铸局。之后辗转于广州、澳门、九龙、香港之间，并多次举办展览。他曾创办『南天印社』，连不少日本篆刻爱好者也慕名远道而来投师门下。他的治印融汇皖、浙两派并博采诸家之长，遒逸朴茂，独树一帜。所作圆朱文，娟好如美女子。有《冯康侯书画印集》《冯康侯印集》《冯康侯书画篆刻》等作品集行世。

铸晋鉴赏　达堂印信　神灵威武曰棱

七

炽均所藏　文采风流今尚存（附款）
海内存知己　少昂六十以后所作　慧伯

新会黄高年印 寒香 偶然欲书 我之为我自有我在
意惬时会文 夜长聊饮酒（附款）

諸樂三

诸乐三（一九〇二—一九八四），原名文萱，以字行，号希斋，别署南屿山人，浙江孝丰（今安吉）人。从小受父亲影响，酷爱书画、篆刻，其兄诸闻韵为吴昌硕入室弟子。他三十九岁入上海中医学校，课余从昌硕攻习书画、篆刻，又从曹拙巢学诗文，后弃医在刘海粟的上海美专教授中国画，又先后在上海新华艺校、昌明艺校、中华艺大等任教。曾与诸闻韵、朱屺瞻、潘天寿、张书旗等组织『白社』研求画艺。抗战胜利后，先后任杭州国立艺专教授、浙江美术学院教授、西泠印社副社长等职。其书法由钟繇入手，遍攻魏晋碑刻兼及倪元璐、黄道周，于石鼓文用力最深。擅长写意花鸟。篆刻师从吴昌硕，广涉古玺、汉印，所作朴茂沉雄，自成面目。作品有《希斋印存》《诸乐三先生画集》《希斋题画诗选》《希斋诗抄》等行世。

梅花小寿一千年　平安（附款）　百花齐放

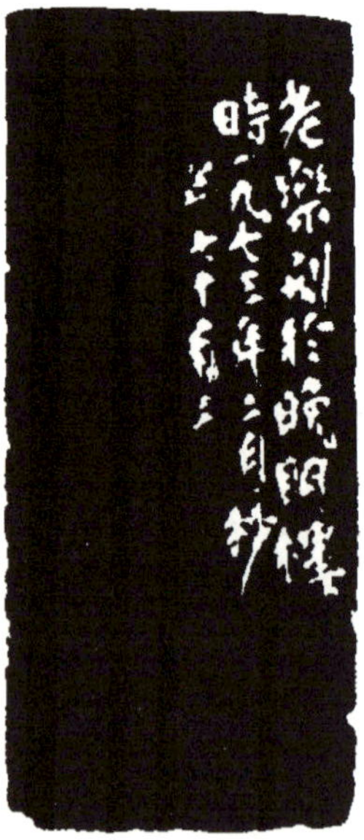

乐趣 吃一堑长一智（附款）

破常规 敢为（附款）

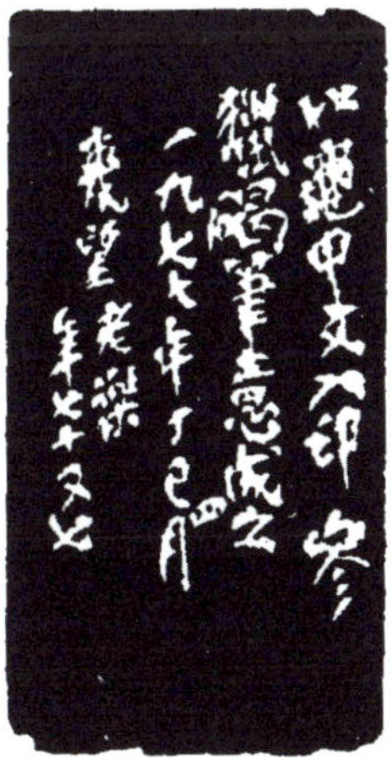

乐无咎 学到老 敝帚 听隹山馆
希斋 止止楼 雪中送炭（附款）

来楚生

来楚生（一九〇三—一九七五），原名稷勋。别号很多，有然犀、负翁、一枝、木人、非叶、楚凫、怀旦等，晚年易字初生，亦作初升。书斋名有然犀室、安处楼。浙江萧山人。是诗、书、画、印四绝的著名艺术家。其画清新朴茂、笔墨简练、格调隽逸，在现代花鸟画坛上独树一帜。书法拙中寓巧，草书和隶篆最为人称道。篆刻远师秦汉，近踵吴熙载、赵之谦、吴俊卿、齐璜等大家，而能不落前人窠臼，自出新意，开创了一代印风。其肖形印更是熔汉画像、古肖形印为一炉，在印坛上冠绝古今，无出其右。西泠印社副社长、当代书画篆刻大家钱君匋先生曾云：『来氏刻印七十岁前后所作突变，朴质老辣，雄劲苍古，得未曾有。虽二吴（按指吴熙载、吴俊卿），亦当避舍，齐白石自谓变法，然斧凿之痕、造作之态犹难免诮，二十世纪七十年代能独立称雄于印坛者，唯楚生一人而已。』可谓最恰当的评论。有《来楚生画集》《来楚生法书集》《来楚生印存》《然犀室肖形印印存》行世。

二月花斋（附款）　混脱舞（附款）

为容不在貌　生肖　吹箫引凤（附款）

但愿无事常相见　处厚　凡事豫则立不豫则废（附款）

且辟室 语不惊人死不休（附款） 息交以绝游
初升 耳目康宁手足轻 大处落墨 渔人

陳巨來

陈巨来（一九〇五—一九八四），名斝，后以字行，号塙斋，别署安持、安持老人，斋名安持精舍，浙江平湖人。幼承家学，篆刻初从嘉兴陶惕若，十九岁起拜一代宗师赵时棡（叔孺）先生为师。赵先生指导他认真以《十钟山房印举》为本，学习汉印。又由叔孺老师介绍得识富于收藏的吴大澂之孙吴湖帆，吴慷慨将家藏汪关《宝印斋印式》十二册借其参考，经潜心研究七个寒暑，使他的治印炉火纯青，更为工稳老当。后又得见平湖葛书征辑《元明清三代象牙犀角印存》，便专攻元朱文。乃师叔孺赞他『刻印醇厚，元朱文为近代第一』。

他自言平生刻印不下三万方，全国各大博物馆、图书馆都请他刻制元朱文考藏印，当代书画大家张大千、溥心畬、吴湖帆、叶恭绰、冯超然、张伯驹、谢稚柳等用印，大多出自巨来之手。著有《古印举式》《盉斋藏印》《安持精舍印存》《安持精舍印冣》等。

吴湖帆潘静淑珍藏印

溥儒

中山杨氏盉斋珍藏金石书画

即此是学　谷幸长乐　云松馆　安持精舍

涧盦　杨庆簪图书记　壶斋珍藏书画之印（附款）

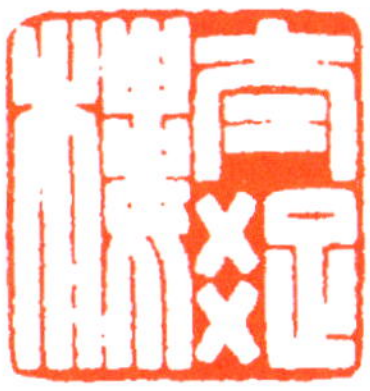

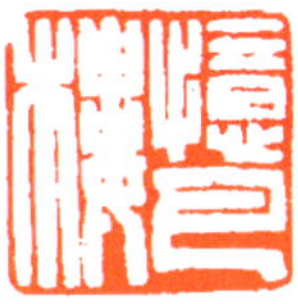

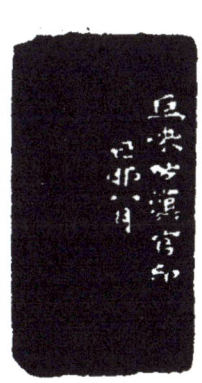

风流帅 太疏楼 朱曜之印（附款）
张守成印 小嘉趣堂 忆巴楼（附款）

鄭夢禪

邹梦禅（一九〇五—一九八六），名敬栻，号今适、大斋、鉼庵，浙江瑞安人。自幼爱好篆刻，对金石考证、文字学等素有研究。曾得著名学者马一浮、马叙伦、张宗祥等人指导。后又得丁辅之介绍，加入西泠印社。工四体书，在书法方面有深厚的功底。篆刻以玺印为宗，兼及明清各家。他的作品不拘一格，手法多样，汉印的平正、古玺的灵动，他都心领神会地在创作中体现出来。著有《吕氏春秋集解》《关于颜体之研究》《邹梦禅印存》等。

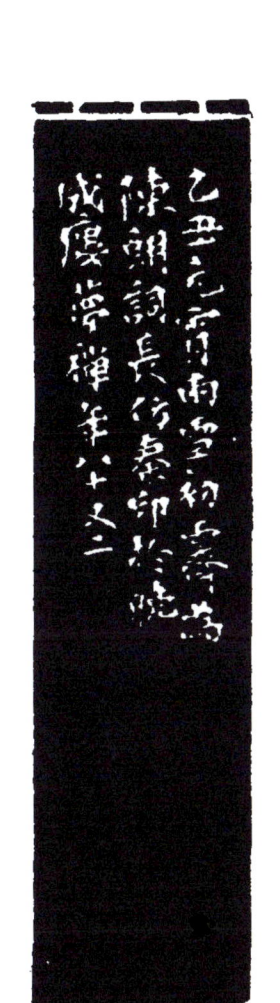

陈朗之印（附款）

秦淑之印　九九草堂　结印社于西泠
大斋　祁连积雪　我与吾西泠印社同庚

海曲将军章　花不知名分外娇　秉性养术　闻鸡起舞

韓登安

韩登安（一九〇五—一九七六），原名竞，字仲铮，别署耿斋、容膝楼，浙江萧山（今属杭州）人。少年时代在父亲指导下即熟习《说文解字》，后得张释如先生启蒙，对金石、书画发生兴趣。在十分艰苦的情况下习字摹印，先后得周佚生、叶叶舟、高野侯等著名书画家指点。二十四岁时师从著名书法篆刻家王福厂，二十七岁加入西泠印社，从此艺事大进。他的书法以篆、隶为长，其刚健婀娜的玉箸篆写来令人叹服。他的篆刻早期追求婉丽多姿的徐三庚风格，后专攻浙派，对秦汉印及明清各派直至黄士陵、吴昌硕、齐白石等名家无不深入研究，在自己的作品中融入各家之长。尤擅作数十字乃至上百字的多字印与小字印，所刻细朱文印，人称绝艺。他是位多产勤奋的篆刻家，一生治印不下三万方，积稿一百五十余部。成集作品有《西泠胜迹留痕》《毛主席诗词刻石》等。

饕籀簃

南京图书馆藏

不雕

芋禅

韩竞 钱唐韩竞字登安印信 沈尹默印（附款）

西泠印社　四照阁　祖籍会稽生长泉唐防寇河洛备边天汉开府三秦游钓西湖（附款）

络叟九十岁以后作　秀云深处　湖山最胜处　祖籍南海家住羊城

羅福頤

罗福颐（一九〇五—一九八一），字子期，又署紫溪、梓溪，七十后自号偻翁，浙江上虞人。为近代著名金石学家罗振玉之第五子。自幼秉承家学，由父兄为他教授四书五经，并无其他学历。课余写字刻印，阅读家藏古印谱，手拓青铜器铭文，并开始摹集玺印文字。十八岁时即出版《古玺汉印文字征》。为不使学识『黄土埋幽、与生俱尽』，他努力笔耕，著述多达一百二十三种。

福颐先生研究文物考古的面极广，除玺印、古文字外，对清廷史料、古代官制、甲骨、汉简、古尺度、古量器、镜鉴、银锭、石刻、墓志、汉魏石经、古代医书及西夏、辽、金、元少数民族文字等都有著述。其中《汉印文字征》《古玺文编》《古玺汇编》《古玺印概论》《印章概述》（合著）等考证严谨，对篆刻艺术影响极大。他生前为故宫博物院四级副研究员、国家文物局咨议委员，又任中国科学院考古学会、中国古文字学会、西泠印社理事等职。

罗继祖 张翼之印 蠖叟 罗福颐印

罗子期 浩气长存 杞国无事忧天倾 而今迈步从头越

颐人之鉨 吴颐人 樱花红陌上柳叶绿池边 燕子声声里相思又一年

思泊八十以后作　方毅藏书之印　昌东作画　遇仙桥畔是家乡

异耳　长午　建明德子千亿保万年治无疾　陈去疾信鉨

朱其石

朱其石（一九〇六—一九六五），名宣，号桂龛，别署秀水老农、雁来红馆主人、括苍山民、葛窗居士、抱冰居士，浙江嘉兴人。擅书法、篆刻，书法以篆书为长，所书石鼓深得苍劲、挺秀之致；擅山水、花卉，山水宗石涛，以宋人法画梅花，清新雅致。他少年时即爱好篆刻，模仿吴昌硕，无论朱文、白文都颇神似。后受同里陈淡如的影响和指点，知道刻印应从工整入手，并重视对秦汉玺印的学习，作品更趋平稳。中晚年的作品，能使刀如笔，自具一格。作品集有《朱其石印存》《抱冰庐印存》，曾搜集明清篆刻家作品辑为《名印拾遗》。惜享年不高，未能有更大的建树。

一丘一壑草堂　旧游却在画图中　虬盦书印

此心到处悠然（附款） 都付邯郸

于境知足于学知不足 四艺室 自成一家

鬓丝不让梅花白　会稽佳山水　安得广厦千万间（附款）

其石大利　闲居非我志　老来专以醉为乡　三军过后尽开颜

頓立夫

顿立夫（一九〇六—一九八八），名群，字立夫，又字历夫，七十岁后自号慳叟，别署范阳野老，居室取名三不庵，祖籍山东，流寓北京，自称涿州（今属河北）人。其少时家贫，曾在某王府打工。后给当时领导官印篆制工作的北京印铸局技正王福厂拉黄包车。王氏居家治艺时，顿氏必恭侍其侧，逐渐对书法、篆刻发生兴趣，一面苦学文化，一面搜集王福厂先生丢弃的片纸只字、修印铃稿。后跟随王氏返沪，一次偶然的机会，他竟指出主人印稿上的毛病，才得以重视。王福厂是位惜才的前辈，遂命脱离服役，以弟子对待，教其六书之要、运刀之法，又助其在上海西泠印社接刻石印牙章。建国后，又介绍其代替自己回北京主持中央政府及所属各级机关印鉴的制作。

顿氏治印于王福厂樊篱之外，吸收汉印及赵之谦、黄士陵诸家韵趣，不论朱白文都工稳精严，深于法度。曾是西泠印社社员、中国书法家协会会员、书协北京分会理事。有《顿立夫治印》二集及《顿立夫篆书唐诗六十首》出版。

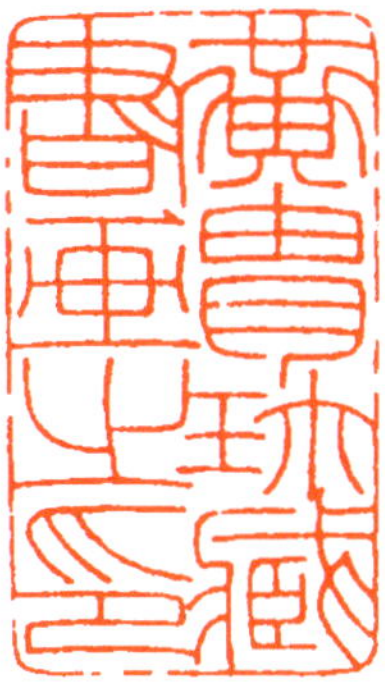

江山入梦　黄胄写意　黄胄珍藏书画之印

短长肥瘦各有态　篆刻生涯六十年　彫虫小技追秦相（附款）
宽堂随笔　小鸥汀馆（附款）

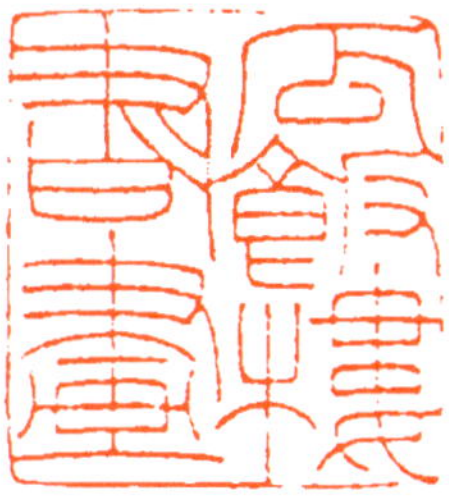

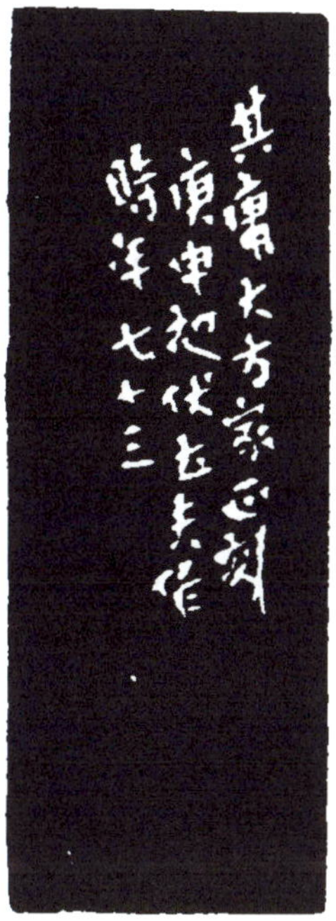

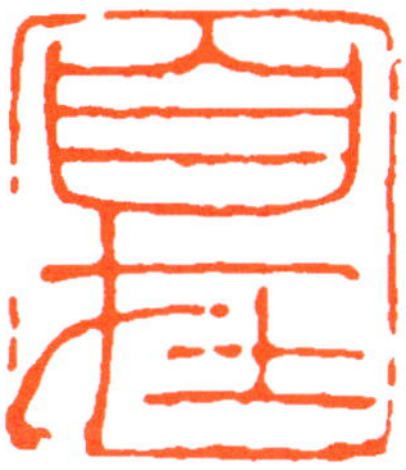

瓜饭楼书画（附款） 取法乎上

年既老而不衰 意密体疏 自在 夕来秋兴满 朝坐落花闲

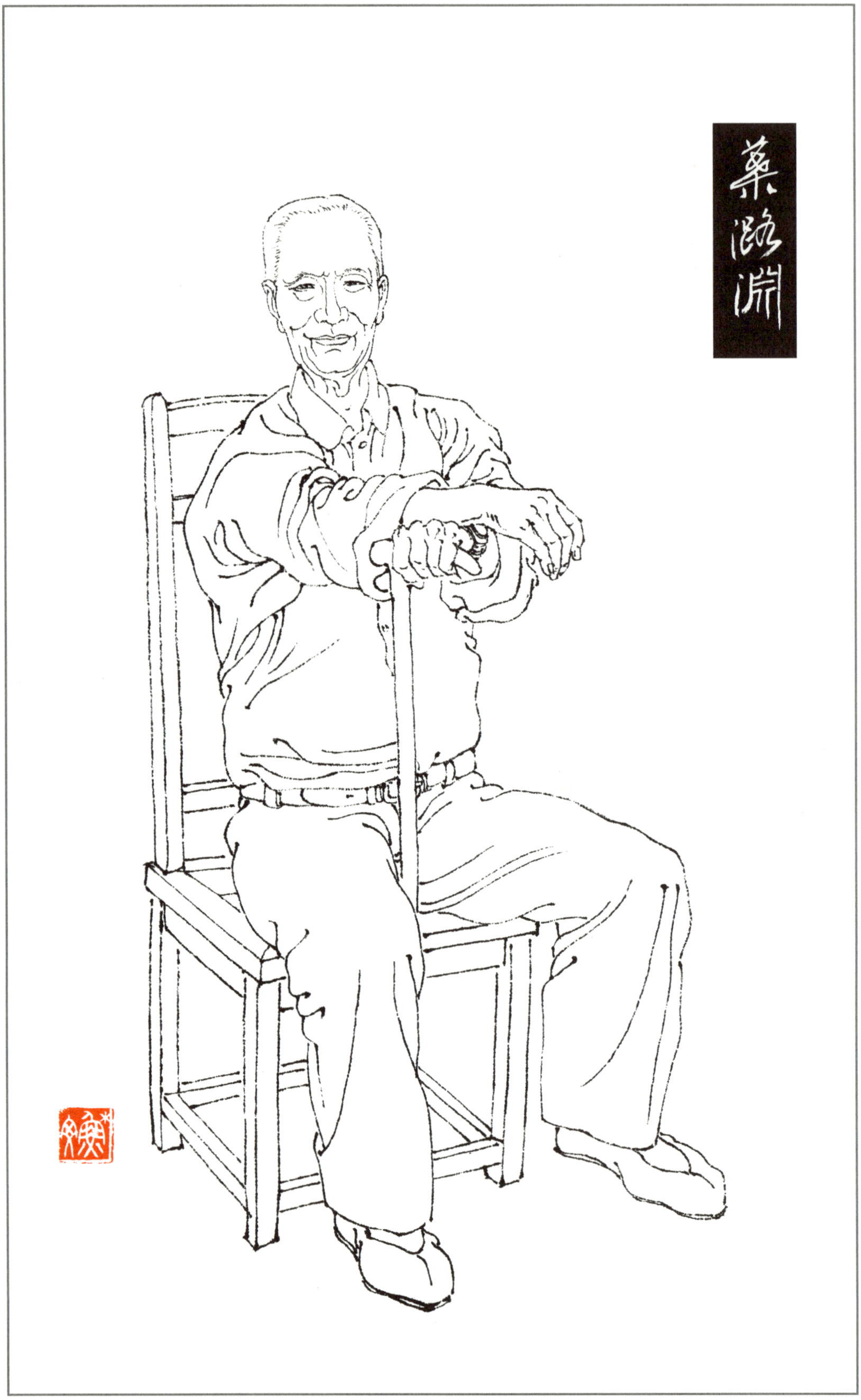
葉潞淵

叶潞渊（一九〇七—一九九四），名丰，字露园，后别作潞渊，斋名静乐簃，且住轩，江苏吴县洞庭东山人。书画篆刻俱擅，尤精于篆刻，与方岩、陈巽、张鲁庵同为赵时棡二弩精舍门下佼佼者。先生博闻强记，以鉴定篆刻作品之精而名重当代。篆刻初师浙派丁敬、黄易等，尤钟情于西泠八家之一陈鸿寿，后专攻秦汉印，旁及皖派。其创作态度严谨，刀法精湛，章法尤具匠心。达到了工而不板、活而不佻、奇而不野、蕴而不弱的艺术境界。中日艺坛耆宿求其刻印者甚多。

其生前为上海中国画院画师，花卉宗恽南田、华新罗，笔墨酣畅，风格清新。与钱君匋合著《中国玺印源流》被海内外印坛称为经典性印学专著。刻印辑有《静乐簃印稿》《叶潞渊印存》《潞翁自刻百印集》等。

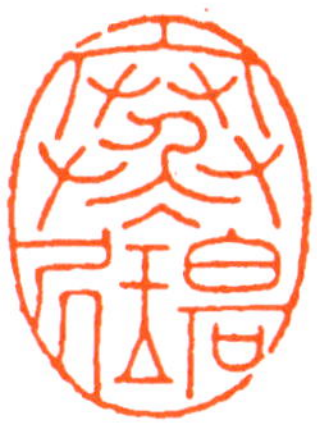

寒碧居　叶丰私印　濮尊朱佛斋　叶丰之印信

真如自在　刘旦　清曾心赏　玩鹤听鹂之楼
日日新又日新（附款）　静乐簃（附款）

叶丰（附款） 气象万千（附款）

叶氏名丰 春在楼 丹青不知老将至 潘伯鹰印

錢君匋

钱君匋（一九〇七—一九九八），原名瑭，字君匋，号豫堂，别署君陶、冰壶、冰壶词客等，斋名有海月庵、新罗山馆、午斋等，又因藏有赵之谦（无闷）、黄士陵（倦叟）、吴昌硕（苦铁）三家印章，故撷取三家别号之首字，取书斋名为『无倦苦斋』，浙江桐乡（原属海宁）人。是一位在文学、书法、绘画、篆刻、书籍装帧、音乐等多方面均擅长的艺术家。

君匋先生书法各体俱擅，以简牍笔意作隶书尤为人称道，晚年所作狂草堪称独步。绘画以写意花卉为主，篆刻以秦汉为宗，出入晚清诸家，善作巨印，所作气魄过人。印章款识楷、草、篆、隶兼备，常镌刻自题诗文，或以四面长跋出之，更以狂草刻款，刀笔相互阐发，为印坛开拓新境，令人叹为观止。因其将平生收藏五千余件价值数亿的历代文物捐献给浙江桐乡、海宁，当地政府在桐乡市梧桐镇建『君匋艺术院』，作为捐品和作品珍藏之所。其出生地浙江海宁，也在一九九八年建造了『钱君匋艺术研究馆』，收藏其部分作品和藏品。君匋先生生前为上海文史馆馆员、西泠印社副社长、华东师范大学客座教授，出版有《长征印谱》《鲁迅印谱》《钱刻鲁迅笔名印谱》《钱君匋作品集》《君匋印选》《钱君匋刻长跋巨印选》《钱君匋刻书画家印谱》《钱君匋精品印选》《钱君匋画集》《中国玺印源流》（与叶潞渊合作）及诗集、作曲集多种。

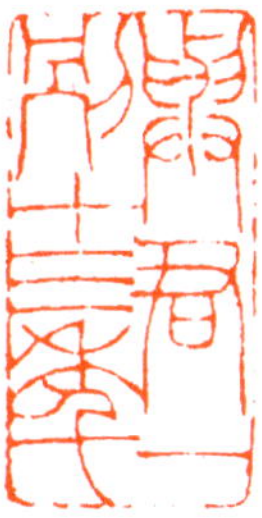

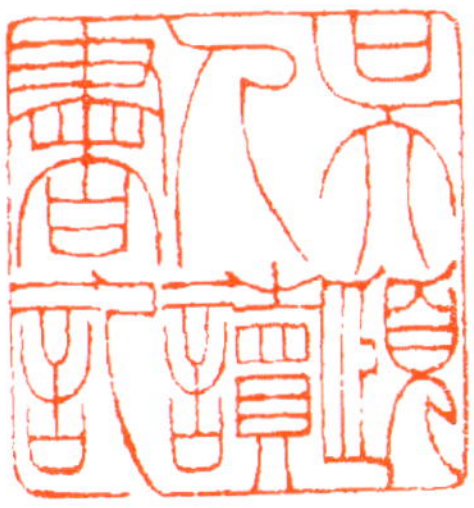

屈飞 与君一别十三年 吴颐人读书记

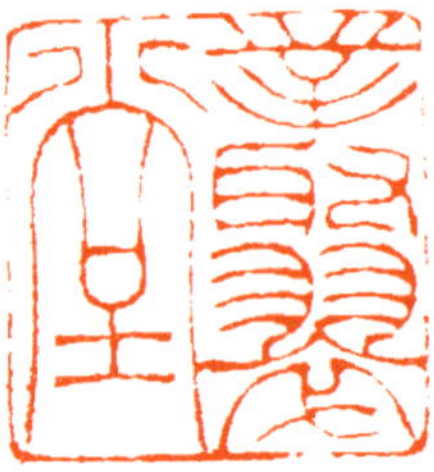

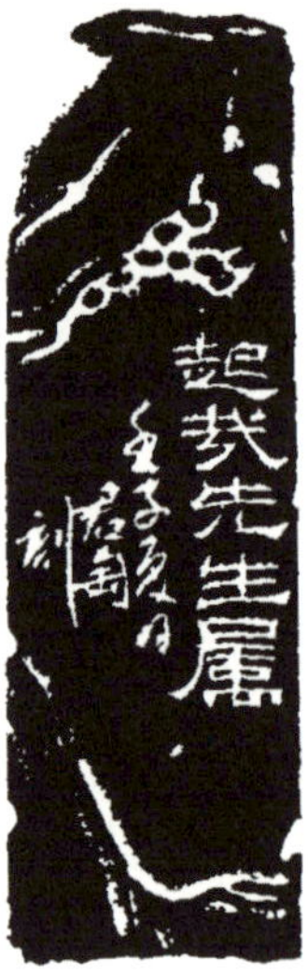

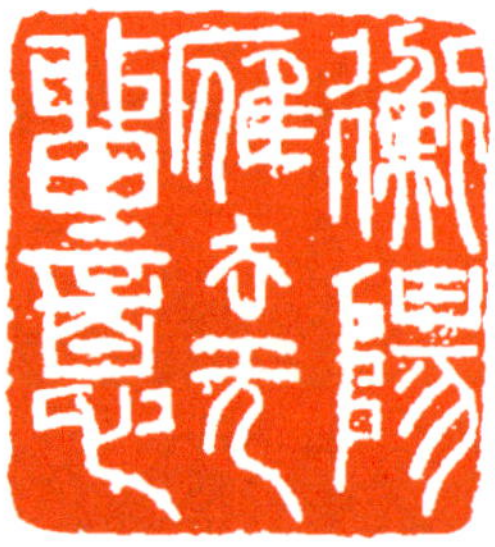

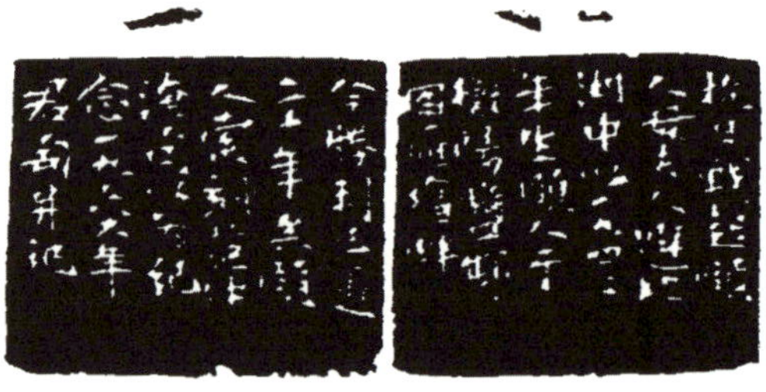

丛翠堂　望湖楼　衡阳雁去无留意（附款）
三墨室（附款）

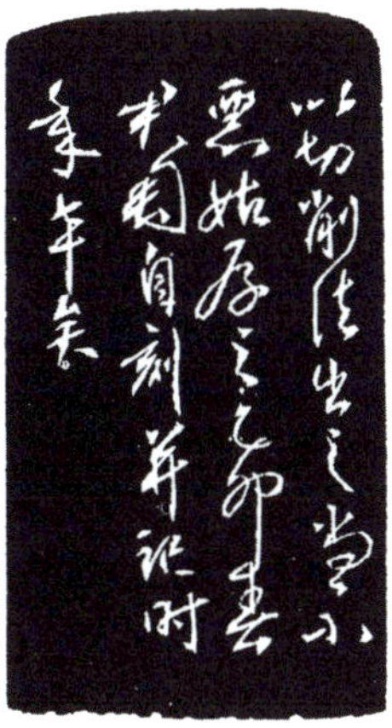

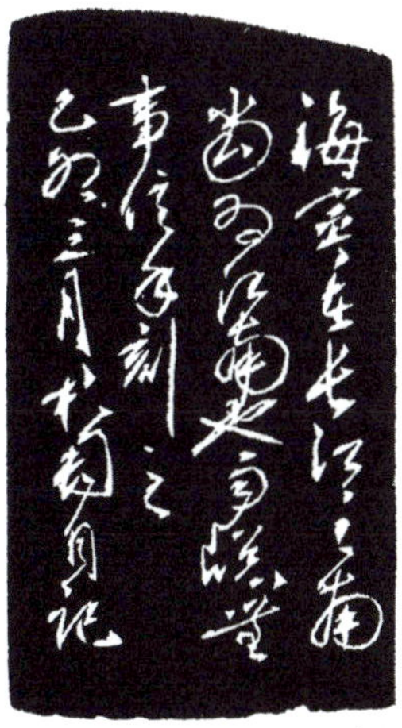

门外汉（附款）空谷传声（附款）
君匋（附款）江南钱大（附款）

王壮为

王壮为（一九〇九—一九九八），本名沅礼，别署玉照山房、玉照生、玄照居士，别号渐斋。书斋名石阵铁书之室。河北易县人。早年毕业于北平艺专西画系，后投笔从戎，随军南征，抗战胜利后到重庆，得以大展鸿图，显示其在金石文物鉴赏、篆刻上之才华，善诗文、富收藏，交游甚广。著有《玉照山房印集》《玉照山房印选》《石阵铁书斋朱墨印拓选存》《玉照山房珍藏印石谱》《书法丛谈》《喜年小册》等。

一九四九年，王壮为去台湾，受知于陈雪屏，得参幕府，曾先后任参议、秘书，师范大学艺术系教授、故宫博物馆顾问、历史博物馆研究委员，书法学会、篆刻学会常务理事等职。

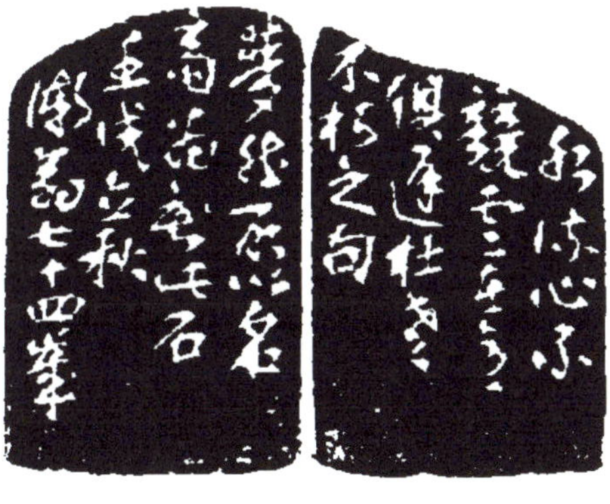

布衣何处不王侯　水云斋（附款）

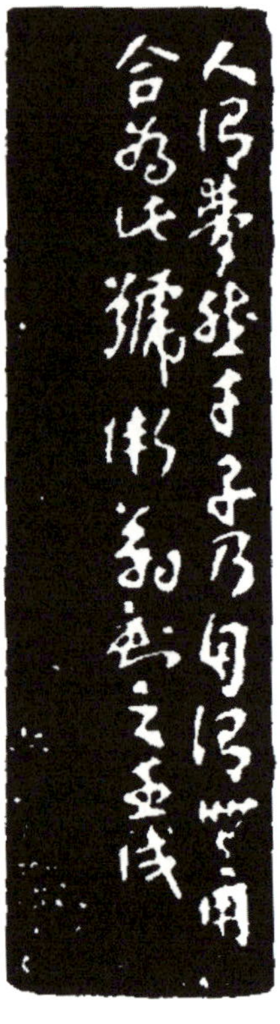

酒驱神遇　奇峭博丽　燕客悲歌动五侯
无用才子（附款）

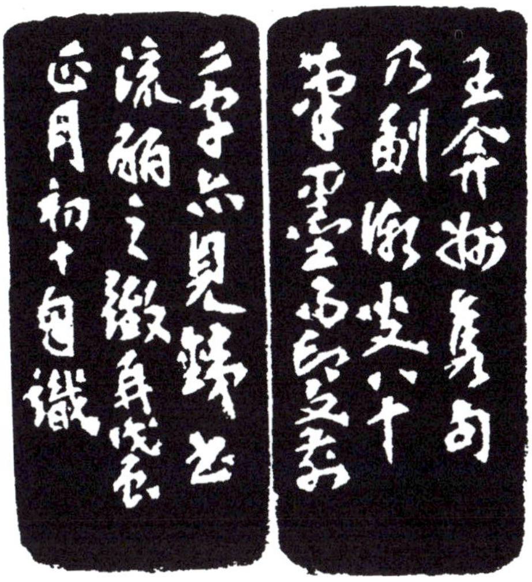

流丽伉浪（附款） 一醉日富（附款）
陶钧心物（附款） 笔歌墨舞

曾紹傑

曾绍杰（一九一一—一九八八），别署绍公、绍翁，又号万石君，所居名昆吾堂，又名万石堂。湖南湘乡人。祖父澄侯，为曾国藩五弟，幼长书香之家，少即课读经文。十岁习篆书，初学吴愙斋，继法赵之谦、黄牧甫。渡台后供职电力公司，先后任会计处长、董事会主任秘书，公余兼任中国文化大学美术系教授。绍翁印作，先后辑成《曾绍杰印存》一册、《曾绍杰篆刻选辑》二册及《曾绍杰篆刻选辑》一册等三谱。

南昌熊氏　敧枕时惊落蠹鱼　自强不息　体中何如即秘书

家在西南常作东南别　李献长寿（附款）

吴兴金开业印信长寿　红竝楼（附款）

指挥如意　长沙黄杰之章　老董风流尚可攀
远东语文学院朱记　滑稽者流　曾君印　日内千金（附款）

吴樸

吴朴（一九二二—一九六六），幼名得天，长易今名，字朴堂，号厚庵。曾藏汉池阳宫灯，故别署味灯室主。浙江绍兴人。叔祖潜泉，精篆刻，为西泠印社创办人之一。原就读于大公职业学校，未及毕业即弃去。夫人王智珠女士，福厂先生侄孙女也。福老晚年，手颤抖，难于操刀治印，每篆稿之后，遂委朴堂代篆刻。一九五九年至一九六〇年间，先后与方去疾、单孝天合刻《瞿秋白笔名印谱》《古巴谚语印谱》及《养猪印谱》。吴朴先生治汉铸白文，文静渊懿，典雅朴实。五十年代中叶，朴堂及张鲁庵、叶潞渊、马公愚等筹组中华篆刻研究社，并为西泠印社及上海中国书法篆刻研究会仅有数位最年轻成员之一。自刻印成《朴堂印稿》。

小楼一角春常驻　传家只要存书种　侣竹亭诗文字记　木石居书画记

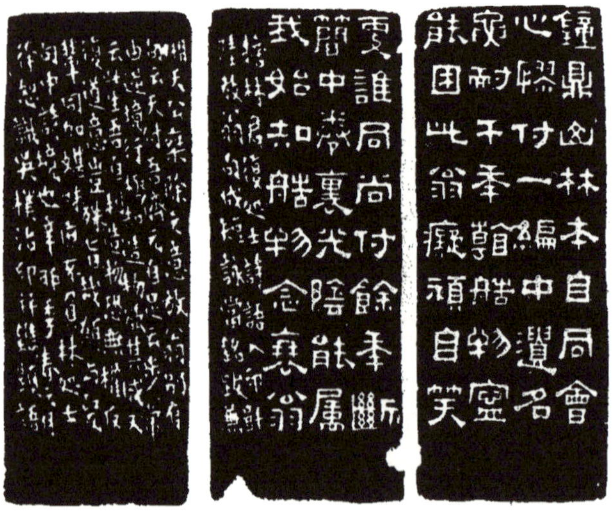

放慵楼　钱镜塘鉴定任伯年真迹之印　一门深掩得闲权（附款）
二灯精舍　儋麋居

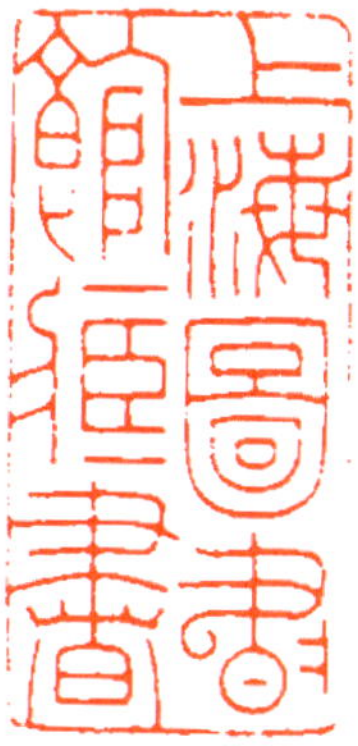

汤溪范氏栖芬室所备医史参考图书　上海图书馆藏书　水乐琴音（附款）

敢叔长寿　龙井茶歌　虎跑品泉（附款）

图书在版编目（CIP）数据

古今篆刻家八十人画传 / 吴颐人，苏文编著．—上海：上海科学技术文献出版社，2016
ISBN 978-7-5439-7053-3

Ⅰ．① 古…　Ⅱ．①吴…②苏…　Ⅲ．①篆刻家—列传—中国—画册　Ⅳ．① K825.72-64

中国版本图书馆 CIP 数据核字 (2016) 第 123909 号

责任编辑：徐　利
特约编辑：杨　翌
装帧设计：郑邦谦　费　艳

古今篆刻家八十人画传
吴颐人　苏　文　编著
出版发行：上海科学技术文献出版社
地　　址：上海市长乐路 746 号
邮政编码：200040
经　　销：全国新华书店
印　　刷：上海中华商务联合印刷有限公司
开　　本：890×1240　1/16
印　　张：20.325
版　　次：2016 年 7 月第 1 版　2016 年 7 月第 1 次印刷
书　　号：ISBN 978-7-5439-7053-3
定　　价：78.00 元
http://www.sstlp.com